Dr.Oetker

Blitz Torten

Dr. Oetker

Blitz Torten

Weltbild

Vorwort

Jetzt aber schnell!

Kurzfristiger Besuch oder einfach nur wenig Zeit?

Kein Problem mit den neuen leckeren Tortenrezepten von Dr. Oetker. Da haben Sie nur eine halbe Stunde Arbeit und schon eine ganze Torte fertig.

Baiser-Wolken-Torte, Schokomousse-Kirschtorte, Hügeltorte oder Prasseltorte – die Entscheidung ist schwer, die Zubereitung umso weniger.

Diese Torten machen Eindruck, ob festlich oder fruchtig, ob klassisch oder modern.

Alle Rezepte sind von Dr. Oetker getestet und so beschrieben, dass sie sicher gelingen.

Schneller geht's nicht.

Baiser-Wolken-Torte Raffiniert

Zubereitungszeit: 30 Minuten | Backzeit: etwa 25 Minuten

Insgesamt: E: 110 g, F: 197 g, Kh: 371 g, kJ: 15973, kcal: 3813, BE: 31,0

Für dem Biskuitteig:

2 Eier (Größe M)
75 g Zucker
1 Pck. Dr. Oetker Vanillin-Zucker
1 Prise Salz
75 g Weizenmehl
1 gestr. TL Dr. Oetker Backin

300 g Himbeeren

Für die Creme:

250 g Mascarpone (ital. Frischkäse)
250 g Schlagsahne
1 Pck. Dr. Oetker Sahnesteif
1 Pck. Dr. Oetker Finesse Geriebene Zitronenschale
2–3 EL Zitronensaft
75 g Puderzucker
500 g Magerquark

Außerdem:

2 EL Himbeerkonfitüre
75 g Baiserschalen
evtl. 1 TL Kakaopulver

1 Den Backofen vorheizen.
Ober-/Unterhitze: etwa 180 °C
Heißluft: etwa 160 °C

2 Für den Teig Eier mit Handrührgerät mit Rührbesen auf höchster Stufe in 1 Minute schaumig schlagen. Zucker mit Vanillin-Zucker und Salz mischen, in 1 Minute unter Rühren einstreuen, dann noch 2 Minuten weiterschlagen.

3 Mehl mit Backpulver mischen, auf die Eiercreme geben und kurz auf niedrigster Stufe unterrühren. Den Teig in eine Springform (Ø 26 cm, Boden gefettet, mit Backpapier belegt) geben und verstreichen. Die Form auf dem Rost im unteren Drittel in den vorgeheizten Backofen schieben. Den Boden **etwa 25 Minuten backen.**

4 Boden aus der Form lösen, auf einen mit Backpapier belegten Kuchenrost stürzen und erkalten lassen. Das Backpapier abziehen und den Boden auf eine Tortenplatte legen. Dann einen gesäuberten Springformrand oder einen Tortenring darumlegen. Himbeeren verlesen.

5 Für die Creme Mascarpone mit Sahne und Sahnesteif in einem Rührbecher kurz steif schlagen. Zitronenschale, -saft und Puderzucker dazugeben und unterrühren. Den Quark ebenfalls in 2 Portionen unterrühren.

6 Den Tortenboden mit glatt gerührter Konfitüre bestreichen. Die Hälfte der Mascarponecreme auf dem Boden verstreichen, Himbeeren darauf verteilen. Restliche Creme aufstreichen. Die Torte bis zum Servieren kalt stellen.

7 Vor dem Servieren Baiser in einen großen Gefrierbeutel geben und mit den Handballen grob zerdrücken. Springformrand oder Tortenring entfernen. Die Torte mit dem Baiser umhüllen und evtl. fein mit Kakao bestäuben.

Tipp

Der Boden ist ohne Belag gefriergeeignet. Statt Himbeeren können Sie auch Erdbeeren, gut abgetropfte Kirschen aus dem Glas oder eine fertig gekaufte Fruchtgrütze (aus dem Kühlregal) verwenden.
Bei der Verwendung von TK-Himbeeren diese auf einem mit zwei Lagen Küchenpapier belegten Teller verteilen und in der Mikrowelle antauen lassen.

Knoppers-Torte Für Kinder

Zubereitungszeit: 30 Minuten, ohne Kühlzeit I Backzeit: etwa 25 Minuten

Insgesamt: E: 79 g, F: 301 g, Kh: 448 g, kJ: 20334, kcal: 4856, BE: 37,5

Für den Biskuitteig:

3 Eier (Größe M)

3 EL heißes Wasser

100 g Zucker

1 Pck. Dr. Oetker Vanillin-Zucker

75 g Weizenmehl

50 g Speisestärke

1 gestr. TL Dr. Oetker Backin

50 g gemahlene Haselnusskerne

Für die Schokofüllung:

100 g gehackte Haselnusskerne

1 kleine Dose Aprikosenhälften (Abtropfgewicht 240 g)

1 Pck. Paradiescreme Schokoladen-Geschmack (Dessertpulver)

150 ml Milch

Für den Belag:

5 Knoppers (Milch-Haselnuss-Schnitten)

400 g Schlagsahne

2 Pck. Vanillin-Zucker

2 Pck. Dr. Oetker Sahnesteif

Zum Garnieren:

1–2 Knoppers (Milch-Haselnuss-Schnitten)

1 Den Backofen vorheizen.
Ober-/Unterhitze: etwa 200 °C
Heißluft: etwa 180 °C

2 Für den Teig Eier und Wasser mit Handrührgerät mit Rührbesen auf höchster Stufe in 1 Minute schaumig schlagen. Zucker mit Vanillin-Zucker mischen, in 1 Minute unter Rühren einstreuen, dann noch 2 Minuten weiterschlagen.

3 Mehl mit Speisestärke und Backpulver mischen, auf die Eiercreme geben und kurz auf niedrigster Stufe unterrühren. Zuletzt kurz die Haselnusskerne unterrühren. Den Teig in eine Springform (Ø 26 cm, Boden gefettet, mit Backpapier belegt) füllen und verstreichen. Die Form auf dem Rost in den vorgeheizten Backofen schieben. Den Boden **etwa 25 Minuten backen.**

4 Boden aus der Form lösen, auf einen mit Backpapier belegten Kuchenrost stürzen und erkalten lassen. Anschließend Backpapier vorsichtig abziehen. Boden einmal waagerecht durchschneiden und den unteren Boden auf eine Tortenplatte legen.

5 Für die Schokofüllung inzwischen Haselnusskerne in einer beschichteten Pfanne ohne Fett goldbraun rösten und auf einem Teller erkalten lassen. Aprikosen in einem Sieb gut abtropfen lassen. Dessertpulver nach Packungsanleitung, aber nur mit 150 ml Milch aufschlagen und zuletzt 50 g der gerösteten Haselnusskerne unterrühren.

6 Für den Belag die Knoppers klein schneiden. Sahne mit Vanillin-Zucker und Sahnesteif steif schlagen und die Knoppers-Stückchen unterheben. Aprikosen mit der Wölbung nach oben auf den Boden legen, dabei am Rand 1–2 cm frei lassen und die Schoko-Füllung darauf verstreichen. Den zweiten Boden auflegen und leicht andrücken. Den Belag kuppelförmig auf die Torte streichen. Die restlichen Haselnusskerne darüberstreuen.

7 Zum Garnieren Knoppers in kleine Würfel schneiden und dekorativ auf die Tortenoberfläche legen. Die Torte kann sofort serviert werden.

TIPP

Der Boden kann bereits am Vortag gebacken werden. Er ist gefriergeeignet.

Karibik-Kokos-Torte

Raffiniert – ohne zu backen

Zubereitungszeit: 25 Minuten

Insgesamt: E: 69 g, F: 191 g, Kh: 475 g, kJ: 16610, kcal: 3968, BE: 39,5

Zum Vorbereiten:

1 kleine Dose Ananasringe (Abtropfgewicht 340 g)

3 Lagen von einem hellen Biskuitboden (Ø etwa 26 cm)

etwa 100 ml Multivitaminsaft

Für Füllung und Belag:

500 g Schlagsahne

40 g Puderzucker

200 ml Multivitaminsaft

1 Pck. Saucenpulver Vanille-Geschmack ohne Kochen

250 g Magerquark

25 g Kokosraspel oder Kokos-Chips

1. Zum Vorbereiten Ananasringe in einem Sieb abtropfen lassen. Jede Lage des Biskuitbodens mit 4–5 Esslöffeln Multivitaminsaft beträufeln. Einen Boden auf eine Tortenplatte legen und mit 6–7 Ananasringen belegen.

2. Für Füllung und Belag Sahne in eine Rührschüssel geben und mit Handrührgerät mit Rührbesen steif schlagen, dabei nach und nach Puderzucker einrieseln lassen.

3. Multivitaminsaft in eine Schüssel geben, Saucenpulver dazugeben und mit einem Schneebesen gründlich verrühren. Quark unterrühren. Die Quarkmischung in 2–3 Portionen mit einem Schneebesen unter die Sahne ziehen.

4. Den unteren und mittleren Boden mit zwei Dritteln der Sahnecreme bestreichen und zu einer Torte zusammensetzen. Oberen Boden auflegen und leicht andrücken. Torte mit der restlichen Sahnecreme rundherum einstreichen und bis zum Servieren kalt stellen.

5. Kokosraspel oder -Chips in einer Pfanne ohne Fett leicht bräunen und auf einem Teller erkalten lassen. Die Torte vor dem Servieren mit gerösteten Kokosraspeln oder -Chips und den restlichen, zerteilten Ananasringen garnieren.

TIPP

Wenn Sie den Boden selbst backen möchten, so können Sie den Biskuitboden der KiBa-Torte (Seite 50) backen. Aber bereiten Sie diesen mit Pudding-Pulver Vanille-Geschmack zu. Den erkalteten Boden zweimal waagerecht durchschneiden.

Spaghetti-Torte Für Kinder

Zubereitungszeit: 25 Minuten, ohne Kühlzeit | Backzeit: etwa 20 Minuten
Insgesamt: E: 117 g, F: 448 g, Kh: 356 g, kJ: 25035, kcal: 5980, BE: 29,5

Für den All-in-Teig:

125 g Weizenmehl
2 gestr. TL Dr. Oetker Backin
125 g Zucker
1 Pck. Dr. Oetker Vanillin-Zucker
3 Eier (Größe M)
125 g weiche Butter oder Margarine

Für Belag und Spaghetti:

250 g frische Erdbeeren
3 Blatt weiße Gelatine
600 g Doppelrahm-Frischkäse
Saft von 1 Zitrone
25 g Zucker
2 Pck. Dr. Oetker Vanillin-Zucker
400 g Schlagsahne

Für die Erdbeersauce:

100 g Erdbeeren
25 g Puderzucker

Zum Bestreuen:

etwas weiße Schokolade

1 Den Backofen vorheizen.
Ober-/Unterhitze: etwa 180 °C
Heißluft: etwa 160 °C

2 Für den Teig Mehl mit Backpulver in einer Rührschüssel mischen. Restliche Zutaten hinzufügen und alles mit Handrührgerät mit Rührbesen auf höchster Stufe in 2 Minuten zu einem glatten Teig verarbeiten.

3 Teig in eine Obstbodenform (Ø 26 cm, gefettet, gemehlt) füllen und glatt streichen. Die Form auf dem Rost in den vorgeheizten Backofen schieben. Den Boden **etwa 20 Minuten backen.**

4 Den Boden etwa 5 Minuten in der Form stehen lassen, dann auf einen Kuchenrost stürzen und erkalten lassen.

5 Für Belag und Spaghetti Erdbeeren waschen, abtropfen lassen, entstielen, evtl. halbieren und auf dem Tortenboden verteilen.

6 Gelatine nach Packungsanleitung einweichen. Frischkäse mit Zitronensaft, Zucker und Vanillin-Zucker in einer Schüssel verrühren. Gelatine auflösen, zunächst mit etwas Frischkäsemasse verrühren, dann die Mischung unter die restliche Frischkäsemasse rühren. Sahne steif schlagen und unterheben.

7 Die Hälfte der Creme auf den Erdbeeren glatt streichen. Restliche Creme portionsweise in eine Kartoffelpresse geben und als Spaghetti auf die Oberfläche drücken. Die Torte etwa 1 Stunde kalt stellen.

8 Für die Sauce Erdbeeren waschen, abtropfen lassen, entstielen und mit Puderzucker pürieren. Erdbeerpüree kurz vor dem Servieren als Sauce auf den Spaghetti verteilen. Weiße Schokolade raspeln, die Tortenoberfläche damit bestreuen und die Torte servieren.

Tipp

Der Boden ist gefriergeeignet.
Noch schneller geht es mit einem gekauften Obstboden.
Ersetzen Sie die Hälfte des Doppelrahm-Frischkäses durch fettarmen Frischkäse.

Double-Chocolate-Torte Mit Alkohol

Zubereitungszeit: 20 Minuten

Insgesamt: E: 42 g, F: 324 g, Kh: 304 g, kJ: 18373, kcal: 4390, BE: 25,5

Für die Creme:

250 g weiche Butter (Zimmertemperatur)

1 Pck. Dr. Oetker Vanillin-Zucker

1 TL Kakaopulver

500 g fertiger Schokoladenpudding (Zimmertemperatur)

Außerdem:

etwa 90 g Löffelbiskuits

3 EL Schoko- oder Mandellikör

225 g Schoko-Brownie-Cookies (Schokokekse mit Schokostückchen)

1 Für die Creme Butter mit Vanillin-Zucker und Kakao in eine Rührschüssel geben und mit Handrührgerät mit Rührbesen hellcremig aufschlagen. Pudding esslöffelweise unterrühren.

2 Einen Tortenring auf etwa 20 cm Durchmesser einstellen und auf eine Tortenplatte stellen. Boden mit den Löffelbiskuits auslegen (evtl. zerteilen) und mit dem Likör beträufeln.

3 Die Hälfte der Schokocreme darauf verteilen und verstreichen. Cookies in einen Gefrierbeutel geben und mit einer Teigrolle zerbröseln. Brösel (1–2 Esslöffel davon zum Garnieren zurücklassen) als Schicht auf der Creme verteilen und etwas andrücken.

4 Restliche Schokocreme auf den Keksbröseln verteilen und vorsichtig darauf verstreichen. Torte 1–2 Stunden kalt stellen. Kurz vor dem Servieren die Torte mit den restlichen Keksbröseln bestreuen.

Tipp

Beträufeln Sie die Löffelbiskuits mit Orangenlikör statt mit Schoko- oder Mandellikör oder für eine alkoholfreie Variante mit Orangensaft.

Orangen-Blitztorte Fruchtig

Zubereitungszeit: 30 Minuten, ohne Kühlzeit I Backzeit: etwa 20 Minuten
Insgesamt: E: 80 g, F: 200 g, Kh: 578 g, kJ: 18927, kcal: 4522, BE: 48,0

Für den Schüttelteig:

150 g Butter oder Margarine

275 g Weizenmehl

3 gestr. TL Dr. Oetker Backin

150 g Zucker

1 Pck. Dr. Oetker Vanillin-Zucker

4 Eier (Größe M)

125 ml (1/8 l) Orangensaft
oder Orangen-Buttermilch

Für die Orangencreme:

4 Blatt weiße Gelatine

750 ml (3/4 l) Orangensaft
oder Orangen-Buttermilch

40–50 g Zucker

2 Pck. Dr. Oetker Pudding-Pulver
Vanille-Geschmack

150 g saure Sahne

Zum Verzieren:

Puderzucker

100 g Schlagsahne

1 Für den Teig Butter oder Margarine zerlassen und abkühlen lassen. Den Backofen vorheizen.
Ober-/Unterhitze: etwa 200 °C
Heißluft: etwa 180 °C

2 Mehl mit Backpulver in eine verschließbare Schüssel (etwa 3 l) geben und mit Zucker und Vanillin-Zucker mischen. Restliche Zutaten für den Teig hinzufügen und die Schüssel mit dem Deckel fest verschließen.

3 Die Schüssel mehrmals kräftig (insgesamt 15–30 Sekunden) schütteln, sodass alle Zutaten gut vermischt sind. Alles mit einem Schneebesen oder Rührlöffel nochmals sorgfältig durchrühren, damit trockene Zutaten vom Rand mit untergerührt werden. Den Teig auf ein Backblech (30 x 40 cm, gefettet, mit Backpapier belegt) geben, und verstreichen. Das Backblech in den vorgeheizten Backofen schieben. Den Boden **etwa 20 Minuten backen.**

4 Das Backblech auf einen Kuchenrost stellen, Boden erkalten lassen.

5 Für die Orangencreme Gelatine nach Packungsanleitung einweichen. Aus Saft, Zucker und Pudding-Pulver nach Packungsanleitung einen Pudding kochen (bei Buttermilch ständig rühren). Topf von der Kochstelle nehmen. Gelatine ausdrücken und in den heißen Pudding rühren. Saure Sahne unterrühren. Creme unter Rühren erkalten lassen.

6 Gebäckplatte vom Rand lösen, auf Backpapier stürzen und das mitgebackene Backpapier abziehen. Von der Platte von der längeren Seite einen 5 cm breiten und 40 cm langen Streifen abschneiden. Restliche Platte so halbieren, dass zwei Rechtecke (etwa 20 x 25 cm) entstehen. Ein Rechteck auf eine Tortenplatte legen. Die Hälfte der erkalteten Creme daraufstreichen und das zweite Rechteck darauflegen. Restliche Creme auf der Oberfläche verstreichen. Die Torte etwa 2 Stunden kalt stellen.

7 Zum Verzieren den zurückgelassenen Teigstreifen in unterschiedliche Rechtecke schneiden und mit Puderzucker bestäuben. Sahne steif schlagen, in einen Spritzbeutel mit Sterntülle füllen. Tuffs auf die Torte spritzen und die Gebäckstücke dekorativ darauf verteilen.

TIPP

Der Boden ist gefriergeeignet.

Weincreme-Streuseltorte

Mit Alkohol – gut vorzubereiten

Zubereitungszeit: 30 Minuten, ohne Kühlzeit | Backzeit: 20–25 Minuten
Insgesamt: E: 48 g, F: 300 g, Kh: 520 g, kJ: 21863, kcal: 5202, BE: 43,5

Für die Streuselböden:

1 Pck. (400 g) Grundmischung Streuselteig

125 g kalte Butter

1 Ei (Größe M)

200 g entsteinte Kirschen (frisch oder TK-Produkt)

1 EL Kirschkonfitüre

Für die Creme:

1 Pck. Fruttina Zitronen-Geschmack (Tortencremepulver ohne Kochen)

100 g Zucker

250 ml (¼ l) Weißwein (Zimmertemperatur)

400 g Schlagsahne

Zum Garnieren und Bestäuben:

200 g Schlagsahne

1 Pck. Dr. Oetker Sahnesteif

Puderzucker

1 Den Backofen vorheizen.
Ober-/Unterhitze: etwa 180 °C
Heißluft: etwa 160 °C

2 Für die Streuselböden Teigmischung aus der Packung mit Butter in kleinen Stücken und Ei in eine Rührschüssel geben. Die Zutaten mit Handrührgerät mit Rührbesen zu Streuseln verarbeiten.

3 Einen Tortenring auf etwa 20 cm Durchmesser einstellen und so auf ein Backblech (gefettet, mit Backpapier belegt) setzen, dass 2 Böden aus Streuselteig darauf passen. Die Hälfte der Streusel in den Tortenring geben, gleichmäßig auf dem Boden verteilen und leicht andrücken. Tortenring vorsichtig abheben, auf die noch freie Fläche des Backblechs setzen und die restlichen Streusel auf gleiche Weise zu einem zweiten Boden formen. Ring ebenfalls abheben. Das Backblech im unteren Drittel in den vorgeheizten Backofen schieben. Die Streuselböden **20–25 Minuten goldbraun backen.**

4 Backblech auf einen Kuchenrost stellen. Einen der Böden noch heiß mit einem scharfen langen Messer in 8–10 Tortenstücke teilen. Boden und Tortenstücke auf dem Backblech erkalten lassen. Den ganzen Boden vorsichtig auf eine Tortenplatte legen. Den Tortenring darumstellen. Kirschen auf Küchenpapier abtropfen lassen (TK-Kirschen vorher auf Küchenpapier auftauen lassen – geht schnell in der Mikrowelle), dann mit der Konfitüre vermischen und auf dem Boden verteilen, dabei rundherum 1 cm Rand frei lassen.

5 Für die Creme Cremepulver mit Zucker in einer Rührschüssel mischen. Wein nach und nach mit einem Schneebesen unter Rühren zugießen, dann alles 1 Minute kräftig durchrühren. 400 g Sahne steif schlagen. Sobald die Creme beginnt dicklich zu werden, die Sahne in 2 Portionen mit einem Schneebesen unterheben. Creme auf die Kirschen geben und glatt streichen. Torte 1–2 Stunden kalt stellen.

6 Tortenring lösen und entfernen. Restliche Sahne mit Sahnesteif steif schlagen. Sahne in einen Spritzbeutel mit Lochtülle füllen und 8–10 Tuffs auf den oberen Tortenrand spritzen. Streusel-Tortenstücke schräg aufsetzen und üppig mit Puderzucker bestäuben.

Tipp

Die Streuselböden sind gefriergeeignet. Statt Kirschen können Sie auch Mandarinen aus der Dose verwenden, diese brauchen nicht mit Konfitüre gemischt werden.

Wenn Kinder mit am Kaffeetisch sitzen, können Sie die Creme auch ohne Alkohol zubereiten. Dafür 75 g Zucker mit Cremepulver mischen, 200 ml Orangen- oder Multivitaminsaft mit 50 ml heißem Wasser mischen und mit dem Tortenpulver verquirlen. Dann wie unter Punkt 5 beschrieben weiter verfahren.

Orangen-Minz-Torte Einfach

Zubereitungszeit: 20 Minuten | Backzeit: 25–30 Minuten

Insgesamt: E: 40 g, F: 270 g, Kh: 375 g, kJ: 17438, kcal: 4167, BE: 31,5

Für den Schüttelteig:

125 g Butter oder Margarine

120 g Weizenmehl

3 gestr. TL Dr. Oetker Backin

2 gestr. EL Kakaopulver

150 g Zucker

1 Pck. Dr. Oetker Bourbon-Vanille-Zucker

½ Pck. Dr. Oetker Finesse Orangenschalen-Aroma

2 Eier (Größe M)

100 ml Orangensaft

Für den Belag:

100 g Orangenmarmelade

125 g Mascarpone (ital. Frischkäse)

300 g Schlagsahne

4 EL Puderzucker

einige Tropfen Minzöl (aus der Apotheke)

Zum Bestreuen und Garnieren:

½ Pck. Dr. Oetker Finesse Orangenschalen-Aroma

einige Minzeblätter

1. Für den Teig Butter oder Margarine zerlassen und abkühlen lassen. Den Backofen vorheizen.
   Ober-/Unterhitze: etwa 180 °C
   Heißluft: etwa 160 °C

2. Mehl mit Backpulver und Kakaopulver mischen, in eine verschließbare Schüssel (etwa 3 l) geben und mit Zucker, Vanille-Zucker und Orangenschalen-Aroma mischen. Eier, Orangensaft und flüssige Butter oder Margarine hinzufügen und die Schüssel mit dem Deckel fest verschließen.

3. Die Schüssel mehrmals kräftig schütteln (insgesamt 15–30 Sekunden), sodass alle Zutaten gut vermischt sind. Alles mit einem Schneebesen oder Rührlöffel nochmals sorgfältig durchrühren, damit trockene Zutaten vom Rand mit untergerührt werden. Den Teig in eine Springform (Ø 26 cm, gefettet) geben und glatt streichen. Die Form auf dem Rost in den vorgeheizten Backofen schieben. Den Boden **25–30 Minuten backen.**

4. Die Form auf einen Kuchenrost stellen. Orangenmarmelade glatt rühren und auf das heiße Gebäck streichen. Das Gebäck in der Form erkalten lassen. Dann den Boden aus der Form lösen und auf eine Tortenplatte legen.

5. Mascarpone mit Sahne und Puderzucker in einen hohen Rührbecher geben, mit Handrührgerät mit Rührbesen zu einer steifen Creme schlagen und mit etwas Minzöl abschmecken.

6. Die Minzcreme mit einem Esslöffel wellenförmig auf dem Gebäck verteilen. Die Torte bis zum Servieren kalt stellen. Vor dem Servieren die Oberfläche mit Orangenschalen-Aroma bestreuen und mit Minzeblättern garnieren.

TIPP

Die Torte ist gefriergeeignet.

Schokomousse-Kirschtorte

Raffiniert – gut vorzubereiten

Zubereitungszeit: 30 Minuten, ohne Kühlzeit I Backzeit: 35–40 Minuten
Insgesamt: E: 45 g, F: 276 g, Kh: 399 g, kJ: 18104, kcal: 4326, BE: 33,0

Zum Vorbereiten:

400 g Schlagsahne

100 g Zartbitter-Schokolade

1 Glas Kirschen (Abtropfgewicht 350 g) oder 350-400 g frische, entsteinte Kirschen

Für den All-In-Teig:

125 g Weizenmehl

2 gestr. TL Dr. Oetker Backin

125 g Zucker

1 Pck. Dr. Oetker Vanillin-Zucker

1 Prise Salz

½ Pck. Dr. Oetker Finesse Geriebene Zitronenschale

125 g weiche Butter oder Margarine

2 Eier (Größe M)

Für die Schokosahne:

40 g Puderzucker

1 Pck. Dr. Oetker Sahnesteif

Zum Bestäuben:

1 TL Kakaopulver

1 Zum Vorbereiten für die Schokosahne die Hälfte der Sahne in einem Topf erhitzen, aber nicht kochen lassen. Topf von der Kochstelle nehmen. Schokolade in Stücke brechen und darin unter Rühren schmelzen. Mischung mit einem Schneebesen so lange rühren, bis eine glatte Flüssigkeit entstanden ist.

2 Restliche kalte Sahne unterrühren. Mischung in einen hohen Rührbecher füllen und zugedeckt mindestens 2 Stunden kalt stellen. Inzwischen Kirschen aus dem Glas in einem Sieb abtropfen lassen. Den Backofen vorheizen.
Ober-/Unterhitze: etwa 180 °C
Heißluft: etwa 160 °C

3 Für den Teig Mehl mit Backpulver in einer Rührschüssel mischen. Restliche Teigzutaten hinzufügen und alles mit Handrührgerät mit Rührbesen erst kurz auf niedrigster Stufe, dann auf höchster Stufe in etwa 2 Minuten zu einem glatten Teig verarbeiten.

4 Den Teig in eine Springform (Ø 26 cm, Boden gefettet, mit Backpapier belegt) geben und glatt streichen. Kirschen darauf verteilen. Die Form auf dem Rost im unteren Drittel in den vorgeheizten Backofen schieben. Den Boden **35–40 Minuten backen.**

5 Den Boden aus der Form lösen und auf einem Kuchenrost erkalten lassen. Anschließend mitgebackenes Backpapier entfernen.

6 Schokosahne mit Handrührgerät mit Rührbesen kurz anschlagen, dann Puderzucker und Sahnesteif einstreuen und die Sahne vollständig steif schlagen. Sahne portionsweise in einen Spritzbeutel mit großer Lochtülle füllen und unterschiedlich dicke Tupfen auf die Torte setzen. Torte bis zum Servieren kalt stellen. Vor dem Servieren die Torte mit Kakaopulver bestäuben.

Tipp

Die Torte ist gefriergeeignet.
Die leckere Schokomousse ist schnell zubereitet, muss aber vor dem Aufschlagen gut durchkühlen.
Noch schneller geht's ohne selbst gebackenen Boden: Einen fertigen Obsttortenboden mit abgetropften Kirschen aus dem Glas belegen, mit der aufgeschlagenen Creme bespritzen und geröstete Mandeln darüberstreuen.

Johannisbeertorte mit Mohncreme

Raffiniert

Zubereitungszeit: 30 Minuten | Backzeit: etwa 40 Minuten
Insgesamt: E: 62 g, F: 252 g, Kh: 338 g, kJ: 16469, kcal: 3933, BE: 28,0

Zum Vorbereiten:

400 g Johannisbeeren (frisch oder TK)

Für den All-in-Teig:

125 g Weizenmehl

1 Prise Salz

2 gestr. TL Dr. Oetker Backin

125 g Zucker

1 Pck. Dr. Oetker Vanillin-Zucker

½ Pck. Dr. Oetker Finesse Geriebene Zitronenschale

125 g weiche Butter oder Margarine

2 Eier (Größe M)

Für die Creme:

175 g Doppelrahm-Frischkäse

½ Pck. Dr. Oetker Finesse Geriebene Zitronenschale

2–3 EL Zitronensaft

½ Pck. (125 g) Mohnback

200 g Schlagsahne

1 Pck. Dr. Oetker Sahnesteif

2 EL Puderzucker

1 Zum Vorbereiten Johannisbeeren abspülen, abtropfen lassen und von den Rispen streifen. TK-Beeren auf mehreren Lagen Küchenpapier ausbreiten und (evtl. in der Mikrowelle) antauen lassen. Den Backofen vorheizen.
Ober-/Unterhitze: etwa 180 °C
Heißluft: etwa 160 °C

2 Für den Teig Mehl mit Salz und Backpulver in einer Rührschüssel mischen. Restliche Teigzutaten hinzufügen und alles mit Handrührgerät mit Rührbesen erst kurz auf niedrigster, dann auf höchster Stufe in etwa 2 Minuten zu einem glatten Teig verarbeiten. 200 g der Johannisbeeren unterheben.

3 Den Teig in eine Springform (Ø 26 cm, Boden gefettet, mit Backpapier belegt) geben und glatt streichen. Die Form auf dem Rost im unteren Drittel in den vorgeheizten Backofen schieben. Den Boden **etwa 40 Minuten backen.**

4 Den Boden aus der Form lösen und auf einem Kuchenrost erkalten lassen. Anschließend Backpapier entfernen und den Boden auf eine Tortenplatte legen.

5 Für die Creme Frischkäse mit Zitronenschale und -saft in eine Rührschüssel geben und mit Handrührgerät mit Rührbesen erst auf niedrigster Stufe glatt rühren. Dann die Masse auf höchster Stufe cremig aufschlagen. Mohnback kurz unterrühren.

6 Sahne mit Sahnesteif und Puderzucker steif schlagen. Sahne in 2 Portionen unter die Mohncreme heben. Mohncreme auf dem Boden verstreichen und die Oberfläche der Torte mit den restlichen Johannisbeeren garnieren. Torte bis zum Servieren kalt stellen.

TIPP

Der Boden ist gefriergeeignet.

Banana-Split-Torte

Für Kinder – einfach

Zubereitungszeit: 30 Minuten, ohne Kühlzeit | Backzeit: etwa 25 Minuten
Insgesamt: E: 86 g, F: 386 g, Kh: 465 g, kJ: 24050, kcal: 5744, BE: 39,0

Für den All-in-Teig:

100 g Weizenmehl
2 gestr. TL Dr. Oetker Backin
100 g gemahlene Haselnusskerne
150 g Zucker
1 Pck. Dr. Oetker Vanillin-Zucker
4 Eier (Größe M)
150 g weiche Butter oder Margarine

Für den Belag:

6 Blatt weiße Gelatine
300 ml Bananen-Milchmischgetränk
2 Bananen
500 g Schlagsahne
1 Pck. Vanillin-Zucker
50 g Zartbitter-Raspelschokolade

Zum Garnieren:

Gelee-Bananen

1 Den Backofen vorheizen.
Ober-/Unterhitze: etwa 180 °C
Heißluft: etwa 160 °C

2 Für den Teig Mehl mit Backpulver in einer Rührschüssel mischen. Restliche Zutaten hinzufügen und alles mit Handrührgerät mit Rührbesen auf höchster Stufe in etwa 2 Minuten zu einem glatten Teig verarbeiten. Teig in eine Springform (Ø 26 cm, Boden gefettet) füllen und glatt streichen. Die Form auf dem Rost in den vorgeheizten Backofen schieben. Den Boden **etwa 25 Minuten backen.**

3 Den Boden aus der Springform lösen und auf einem Kuchenrost erkalten lassen.

4 Für den Belag Gelatine nach Packungsanleitung einweichen. Den Boden auf eine Tortenplatte legen und den gesäuberten Springformrand oder einen Tortenring darumstellen. Bananen schälen, in etwa 1 cm dicke Scheiben schneiden und auf dem Tortenboden verteilen, den Rand dabei frei lassen.

5 Gelatine leicht ausdrücken und bei schwacher Hitze auflösen. Nach und nach das Milchmischgetränk unterrühren. Mischung kalt stellen. Sahne mit Vanillin-Zucker steif schlagen. Ein Viertel davon in einen Spritzbeutel mit Lochtülle füllen. Die restliche Sahne mit der Raspelschokolade unter die Bananenmilch-Gelatine-Mischung heben. Die Creme auf die Bananen geben und glatt streichen.

6 Die Oberfläche der Torte mit der Sahne aus dem Spritzbeutel verzieren. Die Torte mindestens 2 Stunden kalt stellen. Kurz vor dem Servieren Springformrand oder Tortenring lösen und entfernen. Die Torte mit Gelee-Bananen garnieren.

TIPP

Der Boden ist gefriergeeignet.

Pflaumenmus-Nuss-Torte Einfach

Zubereitungszeit: 20 Minuten

Insgesamt: E: 61 g, F: 350 g, Kh: 483 g, kJ: 22509, kcal: 5379, BE: 40,0

Für die Creme:

1 Pck. Dr. Oetker Sahnesteif

50 g Zucker

1 Pck. Dr. Oetker Vanillin-Zucker

750 g Schlagsahne

125 g gemahlene Walnusskerne
oder Haselnusskerne

Zum Bestreichen:

225 g Pflaumenmus

3 Lagen von einem hellen
Biskuitboden (Ø etwa 26 cm)

Nach Belieben zum Garnieren:

Walnusskerne oder Haselnusskerne

Kakaopulver

Raspelschokolade
oder fertige Schokosauce

1 Für die Creme Sahnesteif mit Zucker und Vanillin-Zucker mischen. Sahne in eine Rührschüssel geben und mit Handrührgerät mit Rührbesen steif schlagen, dabei die Sahnesteif-Zucker-Mischung nach und nach einrieseln lassen.

2 Von der Sahne etwa 3 Esslöffel abnehmen, in einen Spritzbeutel mit Sterntülle füllen und kalt stellen. Nusskerne unter die restliche Sahne heben.

3 Pflaumenmus durchrühren. Den untersten und mittleren Biskuitboden mit dem Pflaumenmus bestreichen, dabei etwas Rand frei lassen. Einen bestrichenen Boden auf eine Tortenplatte legen.

4 Ein Drittel der Nuss-Sahne auf den unteren Boden streichen und den zweiten bestrichenen Boden darauflegen. Die Hälfte der restlichen Nuss-Sahne darauf verstreichen und den oberen unbestrichenen Boden auflegen.

5 Boden leicht andrücken und die Torte rundherum mit der übrigen Nuss-Sahne bestreichen. Sahne aus dem Spritzbeutel in Tuffs daraufspritzen. Die Torte mit Nusskernen und Kakaopulver oder Raspelschokolade (Schokosauce) garnieren.

Tipp

Mit einer fertig gekauften, bereits ausgerollten Marzipandecke können Sie die Torte auch blitzschnell überziehen. Noch aromatischer wird die Sahne, wenn Sie die Nusskerne zuvor kurz in einer Pfanne ohne Fett anrösten. Die Nusskerne gut auf einem Teller abkühlen lassen und anschließend unter die Sahne heben.

Himbeer-CocoCabana-Torte Raffiniert

Zubereitungszeit: 30 Minuten, ohne Kühlzeit | Backzeit: etwa 25 Minuten
Insgesamt: E: 62 g, F: 328 g, Kh: 368 g, kJ: 19932, kcal: 4759, BE: 30,5

Für den Schüttelteig:

175 g Weizenmehl
2 gestr. TL Dr. Oetker Backin
75 g Zucker
1 Pck. Dr. Oetker Vanillin-Zucker
2 Eier (Größe M)
75 ml Speiseöl, z. B. Sonnenblumenöl
75 g Kokosjoghurt

Für den Belag:

375 g Himbeeren
75 g Kokosjoghurt
150 g CocoCabana Schaumküsse (von Dickmann)
600 g Schlagsahne
2 Pck. Dr. Oetker Sahnesteif

Zum Garnieren:

125 g Himbeeren
evtl. 2 EL geröstete Kokosraspel

1 Den Backofen vorheizen.
Ober-/Unterhitze: etwa 180 °C
Heißluft: etwa 160 °C

2 Für den Teig Mehl mit Backpulver in einer verschließbaren Schüssel (etwa 3 l) mit Zucker und Vanillin-Zucker mischen. Eier, Speiseöl und Joghurt hinzufügen und die Schüssel mit dem Deckel fest verschließen. Schüssel mehrmals kräftig schütteln (insgesamt 15–30 Sekunden), sodass alle Zutaten gut vermischt sind.

3 Alles mit einem Schneebesen oder Rührlöffel nochmals sorgfältig durchrühren, damit trockene Zutaten vom Rand mit untergerührt werden. Teig in eine Springform (Ø 26 cm, Boden gefettet) füllen und glatt streichen. Die Form auf dem Rost in den vorgeheizten Backofen schieben und den Boden **etwa 25 Minuten backen.**

4 Gebäckboden aus der Form lösen, auf einen mit Backpapier belegten Kuchenrost stürzen und erkalten lassen. Erkalteten Boden auf eine mit Tortenspitze oder Backpapier belegte Tortenplatte legen.

5 Für den Belag Himbeeren verlesen. Joghurt auf dem Gebäckboden verstreichen und mit den Himbeeren belegen. Dann 10 der CocoCabana Schaumküsse zerdrücken, restliche Schaumküsse zum Garnieren beiseitelegen.

6 Sahne mit Sahnesteif steif schlagen, 4 Esslöffel davon in einen Spritzbeutel mit großer Sterntülle füllen und zum Verzieren beiseitelegen. Restliche Sahne mit einem Teigschaber unter die zerdrückten Schaumküsse heben. Die Creme auf den Himbeeren verstreichen.

7 Zum Garnieren Himbeeren verlesen. Torte mit der Sahne aus dem Spritzbeutel verzieren und mit den restlichen Himbeeren, CocoCabana Schaumküssen und evtl. mit Kokosraspeln garnieren.

TIPP

Der Boden ist gefriergeeignet.

Ritter-Rum-Torte Mit Alkohol

Zubereitungszeit: 20 Minuten | Backzeit: etwa 25 Minuten
Insgesamt: E: 58 g, F: 227 g, Kh: 395 g, kJ: 16518, kcal: 3939, BE: 33,0

Für den Rührteig:

75 g weiche Butter oder Margarine
100 g Zucker
1 Pck. Dr. Oetker Vanillin-Zucker
1 Prise Salz
4 Eier (Größe M)
150 g Weizenmehl
3 gestr. TL Dr. Oetker Backin
1 EL Kakaopulver
2 EL Rum
4 Ritter Rum Knusperstücke

Für den Guss:

150 g dunkle Kuchenglasur

Zum Garnieren:

8 Ritter Rum Knusperstücke

1. Den Backofen vorheizen.
Ober-/Unterhitze: etwa 180 °C
Heißluft: etwa 160 °C

2. Für den Teig Butter oder Margarine mit Handrührgerät mit Rührbesen auf höchster Stufe geschmeidig rühren. Zucker, Vanillin-Zucker und Salz unterrühren. So lange rühren, bis eine gebundene Masse entstanden ist. Eier nach und nach unterrühren (jedes Ei etwa ½ Minute).

3. Mehl mit Backpulver und Kakaopulver mischen und in 2 Portionen unterrühren. Zuletzt den Rum unterrühren. Den Boden einer Springform (Ø 26 cm, gefettet) mit etwas Teig bestreichen.

4. Die 4 Ritter Rum Knusperstücke halbieren und gleichmäßig auf dem Teig verteilen. Den restlichen Teig daraufgeben und verstreichen. Die Form auf dem Rost in den vorgeheizten Backofen schieben. Den Boden **etwa 25 Minuten backen.**

5. Den Gebäckboden aus der Form lösen und auf einem mit Backpapier belegten Kuchenrost erkalten lassen.

6. Kuchenglasur nach Packungsanleitung auflösen, dann geschmeidig rühren und mit einem Messer auf der Torte verstreichen.

7. Zum Garnieren die Ritter Rum Knusperstücke diagonal durchschneiden und in den noch feuchten Guss setzen. Guss fest werden lassen.

Tipp

Der Boden ist ohne Guss gefriergeeignet.

Himbeer-Minz-Tarte Mit Alkohol

Zubereitungszeit: 25 Minuten | Backzeit: etwa 40 Minuten
Insgesamt: E: 40 g, F: 145 g, Kh: 294 g, kJ: 11311, kcal: 2702, BE: 24,5

Zum Vorbereiten:

150 g Butter
225 g Himbeeren
6–8 Minzeblätter

Für den Biskuitteig:

3 Eier (Größe M)
170 g Puderzucker
1 Prise Salz
160 g Weizenmehl
1 gestr. TL Dr. Oetker Backin

Zum Tränken:

2–3 TL Himbeergeist

1 Zum Vorbereiten Butter zerlassen und abkühlen lassen. Himbeeren verlesen. Minzeblätter abspülen und trocken tupfen. 150 g von den Himbeeren mit der Hälfte der Minzeblätter pürieren. Restliche Minzeblätter grob in Streifen schneiden. Den Backofen vorheizen.
Ober-/Unterhitze: etwa 180 °C
Heißluft: etwa 160 °C

2 Für den Teig Eier in einer Rührschüssel mit Handrührgerät mit Rührbesen auf höchster Stufe in 1 Minute schaumig schlagen. Puderzucker mit Salz mischen und in 1 Minute unter Rühren einstreuen, dann noch 2 Minuten weiterschlagen.

3 Mehl mit Backpulver mischen und kurz auf niedrigster Stufe unterrühren. Butter mit Himbeerpüree mischen und kurz unterheben. Den Teig in eine Springform (Ø 26 cm, Boden gefettet, mit Backpapier belegt) geben und glatt streichen.

4 Restliche Himbeeren und Minzestreifen auf dem Teig verteilen. Die Form auf dem Rost in den vorgeheizten Backofen schieben. Die Tarte **etwa 40 Minuten backen.**

5 Die Form nach dem Backen auf einen Kuchenrost stellen und sofort mit Himbeergeist tränken. Die Tarte etwa 10 Minuten in der Form stehen lassen, dann vom Rand und aus der Form lösen und mit dem Backpapier auf einem Kuchenrost erkalten lassen. Anschließend Backpapier entfernen.

Tipp

Die Tarte ist gefriergeeignet. Anstelle von frischen Himbeeren können Sie auch TK-Himbeeren verwenden. Damit sie schneller auftauen, die Himbeeren auf einem großen, mit Küchenpapier belegten Teller verteilen und in die Mikrowelle geben.

Russisch-Brot-Tarte mit Schmand

Zubereitungszeit: 20 Minuten I Backzeit: 25–30 Minuten
Insgesamt: E: 64 g, F: 214 g, Kh: 370 g, kJ: 15342, kcal: 3663, BE: 31,0

Zum Vorbereiten:

100 g Russisch Brot (Kekse)

Für den Schüttelteig:

80 g Weizenmehl
3 gestr. TL Dr. Oetker Backin
120 g Zucker
1 Pck. Dr. Oetker Vanillin-Zucker
3 Eier (Größe M)
100 ml Speiseöl
100 ml Milch

Für den Belag:

300 g Schmand (Sauerrahm)
150 g gezuckerte Kondensmilch

Kakaopulver zum Bestäuben

1 Zum Vorbereiten Russisch Brot in einen Gefrierbeutel füllen, den Beutel verschließen und das Gebäck mit der Teigrolle fein zerdrücken. Den Backofen vorheizen.
Ober-/Unterhitze: etwa 200 °C
Heißluft: etwa 180 °C

2 Für den Teig Mehl mit Backpulver mischen, in eine verschließbare Schüssel (etwa 3 l) geben und mit Gebäckbröseln, Zucker und Vanillin-Zucker mischen. Eier, Öl und Milch hinzufügen und die Schüssel mit dem Deckel fest verschließen.

3 Die Schüssel mehrmals kräftig schütteln (insgesamt 15–30 Sekunden), sodass alle Zutaten gut vermischt sind. Alles mit einem Schneebesen oder Rührlöffel nochmals sorgfältig durchrühren, damit trockene Zutaten vom Rand mit untergerührt werden.

4 Den Teig in eine Tarteform (Ø 28 cm, gefettet) füllen. Die Form auf dem Rost in den vorgeheizten Backofen schieben. Die Tarte **25–30 Minuten backen.**

5 Die Form auf einen Kuchenrost stellen und das Gebäck darin etwa 10 Minuten abkühlen lassen. Schmand mit Kondensmilch verrühren, auf den heißen Kuchen geben und glatt streichen. Den Kuchen in der Form erkalten lassen.

6 Vor dem Servieren einen runden Kuchenrost oder eine Schablone auf die Form legen. Das Gebäck mit Kakao bestäuben und den Kuchenrost oder die Schablone vorsichtig abnehmen.

Tipp

Die Tarte ist gefriergeeignet.
Anstelle von Schmand können Sie auch Crème fraîche verwenden.
Garnieren Sie die Tarte mit Mousse au Chocolat. Dafür 200 g Mousse au Chocolat (aus dem Kühlregal) mit einem Teelöffel häufchenweise auf der Tarte verteilen und mit Kakaopulver bestäuben.

Exotik-Torte Raffiniert

Zubereitungszeit: 20 Minuten, ohne Kühlzeit I Backzeit: 25–30 Minuten
Insgesamt: E: 74 g, F: 345 g, Kh: 321 g, kJ: 20042, kcal: 4789, BE: 26,5

Für den All-in-Teig:

100 g Weizenmehl

40 g Kokosraspel

1 Prise Salz

2 gestr. TL Dr. Oetker Backin

125 g Zucker

1 Pck. Dr. Oetker Vanillin-Zucker

½ Pck. Dr. Oetker Finesse Geriebene Zitronenschale

125 g weiche Butter oder Margarine

2 Eier (Größe M)

Für die Creme:

3 Maracujas

375 g Mascarpone (ital. Frischkäse)

100 g Schlagsahne

50 g Puderzucker

50 ml Saft und fein abgeriebene Schale von 1 Bio-Limette oder Bio-Zitrone (unbehandelt, ungewachst)

1 Pck. Dr. Oetker Sahnesteif

200 g Magerquark

Zum Garnieren:

frische Früchte (z. B. Physalis, unbehandelte Mandarinen in Spalten, Granatapfelkerne, Limettenzesten, Kokos-Chips)

1 Den Backofen vorheizen.
Ober-/Unterhitze: etwa 180 °C
Heißluft: etwa 160 °C

2 Für den Teig Mehl mit Kokosraspeln, Salz und Backpulver in einer Rührschüssel mischen. Restliche Teigzutaten hinzufügen und mit Handrührgerät mit Rührbesen erst kurz auf niedrigster, dann auf höchster Stufe in 2 Minuten zu einem glatten Teig verarbeiten.

3 Teig in eine Springform (Ø 26 cm, Boden gefettet, mit Backpapier belegt) geben, verstreichen und die Form auf dem Rost im unteren Drittel in den vorgeheizten Backofen schieben. Den Boden **25–30 Minuten backen.**

4 Den Boden aus der Form lösen und auf einem Kuchenrost erkalten lassen.

5 Für die Creme Maracujas halbieren, Fruchtmark mit einem Teelöffel herausschaben, durch ein feines Sieb streichen und dabei den Saft auffangen.

6 Mascarpone mit Sahne, Puderzucker, Limetten- oder Zitronenschale und -saft in eine Rührschüssel geben und mit Handrührgerät mit Rührbesen erst kurz auf niedrigster Stufe verrühren. Dann die Mischung auf höchster Stufe cremig aufschlagen, Sahnesteif dabei einrieseln lassen. Quark in 2 Portionen unterrühren, dann den Maracujasaft unterrühren.

7 Das Backpapier vom Boden entfernen. Boden auf eine Tortenplatte legen und die Creme darauf verstreichen. Torte bis zum Servieren kalt stellen. Vor dem Servieren die Torte mit Früchten, z. B. Physalis ohne Haut, Mandarinenspalten, Granatapfelkernen und Limettenzesten oder Kokos-Chips garnieren.

Tipp

Die Torte ist ohne Garnierung gefriergeeignet.
Noch schneller ist die Creme zubereitet, wenn Sie Mascarpone, Sahne, Zitronenschale und -saft mit nur der Hälfte des Puderzuckers aufschlagen. Dann 200 g Quarkzubereitung aus dem Kühlregal (Maracuja-Geschmack) und 75 ml Maracuja-Nektar unterrühren.

Café-au-lait-Torte Beliebt

Zubereitungszeit: 30 Minuten | Backzeit: 20–25 Minuten

Insgesamt: E: 56 g, F: 257 g, Kh: 289 g, kJ: 15782, kcal: 3769, BE: 24,0

Für den Biskuitteig:

2 Eier (Größe M)
75 g Zucker
1 Prise Salz
75 g Weizenmehl
1 gestr. TL gemahlener Zimt
1 gestr. TL Dr. Oetker Backin

Für die Creme:

750 g Schlagsahne
1 Pck. (2 Beutel) Gelatine-Fix
50 g Puderzucker
2–3 TL lösliches Espresso-Pulver
1 TL Puderzucker
1–2 TL heißes Wasser

Zum Garnieren:

75 g Amarettini (ital. Mandelmakronen)
1 EL Kakaopulver
oder 2 EL Zartbitter-Raspelschokolade

1 Den Backofen vorheizen.
Ober-/Unterhitze: etwa 180 °C
Heißluft: etwa 160 °C

2 Für den Teig Eier mit Handrührgerät mit Rührbesen auf höchster Stufe in 1 Minute schaumig schlagen. Zucker und Salz in 1 Minute unter Rühren einstreuen, dann noch 2 Minuten weiterschlagen. Mehl mit Zimt und Backpulver mischen, auf die Eiercreme geben und kurz auf niedrigster Stufe unterrühren.

3 Den Teig in eine Springform (Ø 26 cm, Boden gefettet, mit Backpapier belegt) geben und verstreichen. Die Form auf dem Rost im unteren Drittel in den vorgeheizten Backofen schieben. Den Boden **20–25 Minuten backen.**

4 Boden aus der Form lösen, auf einen mit Backpapier belegten Kuchenrost stürzen und erkalten lassen. Das Backpapier abziehen und den Boden auf eine Kuchenplatte legen. Den gesäuberten Springformrand oder einen Tortenring darumstellen.

5 Für die Creme Sahne in eine Schüssel geben und mit Handrührgerät mit Rührbesen steif schlagen. Dabei Gelatine-Fix (2 Beutel) unter ständigem Schlagen einrieseln lassen. Zuletzt kurz 50 g Puderzucker unterschlagen. Die Hälfte der Creme auf dem Boden verstreichen.

6 Für die Creme Espresso-Pulver mit 1 Teelöffel Puderzucker mischen und mit heißem Wasser anrühren. Mischung unter die restliche Sahne ziehen. Creme auf der hellen Sahne verstreichen. Torte etwa 3 Stunden kalt stellen.

7 Kurz vor dem Servieren Amarettini in einen Gefrierbeutel geben, ihn verschließen und die Amarettini mit einer Teigrolle grob zerbröckeln. Amarettinibrösel über die Torte streuen. Die Torte mit Kakao oder Raspelschokolade garnieren. Springformrand oder Tortenring lösen.

Tipp

Der Boden ist gefriergeeignet.
Wer es etwas fruchtig mag, bestreicht den Boden zuerst mit 2–3 Esslöffeln Kirschkonfitüre oder belegt ihn mit 350 g abgetropften Kirschen aus dem Glas.

Galetta-Erdbeertorte

Zubereitungszeit: 30 Minuten, ohne Kühlzeit
Insgesamt: E: 67 g, F: 267 g, Kh: 615 g, kJ: 21653, kcal: 5363, BE: 51,5

3 Lagen von 1 hellen Wiener Boden (Ø etwa 26 cm)

Für die Füllung:

750 g Erdbeeren

1 Pck. Tortenguss, rot, ungezuckert

2–3 EL Erdbeerkonfitüre

2 Pck. Galetta Vanille-Geschmack (Pudding-Pulver ohne Kochen)

400 ml kalte Milch

400 g Schlagsahne

Zum Bestreichen:

300 g Schlagsahne

1 Pck. Dr. Oetker Sahnesteif

1 Pck. Dr. Oetker Vanillin-Zucker

1 Einen der Tortenböden auf eine Tortenplatte legen und einen Tortenring oder Springformrand darumstellen.

2 Für die Füllung Erdbeeren waschen, abtropfen lassen und entstielen. 250 g von den Erdbeeren mit Tortengusspulver und Erdbeerkonfitüre vermischen, pürieren, unter Rühren aufkochen und anschließend abkühlen lassen. Die Masse lauwarm auf den unteren Boden streichen. Weitere 250 g von den Erdbeeren halbieren oder vierteln, darauf verteilen und die Masse erkalten lassen.

3 Das Pudding-Pulver ohne Kochen nach Packungsanleitung, aber mit den hier angegebenen Mengen Milch und Sahne zubereiten. Knapp die Hälfte der Creme auf den Erdbeeren auf dem unteren Boden verstreichen. Den zweiten Boden darauflegen und mit der restlichen Creme bestreichen. Oberen Boden darauflegen und etwas andrücken. Die Torte etwa 1 Stunde kalt stellen.

4 Zum Bestreichen Sahne mit Sahnesteif und Vanillin-Zucker steif schlagen. Tortenring oder Springformrand vorsichtig lösen und entfernen. Tortenrand und -oberfläche mit der Sahne bestreichen. Die Oberfläche dabei etwas wellenförmig streichen und mit den restlichen Erdbeeren garnieren. Die Torte nochmals etwa 1 Stunde kalt stellen.

TIPP

Wenn Sie einen Boden selbst backen möchten, so können Sie den Biskuitboden der KiBa-Torte backen (Seite 50). Aber bereiten Sie diesen mit Pudding-Pulver Vanille-Geschmack zu. Erkalteten Boden zweimal waagerecht durchscheiden.

Sherry-Zimt-Torte Mit Alkohol

Zubereitungszeit: 25 Minuten, ohne Auftau- und Kühlzeit | Backzeit: etwa 15 Minuten je Backblech
Insgesamt: E: 30 g, F: 185 g, Kh: 214 g, kJ: 11794, kcal: 2819, BE: 18,0

225 g TK-Blätterteig

Zum Bestreuen:
30 g Zucker
etwas gemahlener Zimt

Für die Füllung:
1 Pck. gemahlene Gelatine, weiß
4 EL kaltes Wasser
125 ml (1/8 l) trockener Sherry
75 g Zucker
400 g Schlagsahne
1 Pck. Dr. Oetker Vanillin-Zucker

Zum Bestäuben:
etwas gemahlener Zimt

1 Die Blätterteigplatten nach Packungsanleitung auftauen lassen. Dann die Platten aufeinanderlegen und auf der leicht bemehlten Arbeitsfläche zu einem Rechteck (etwa 25 x 40 cm) ausrollen und so halbieren, dass 2 Rechtecke (etwa 20 x 25 cm) entstehen. Die Teigplatten auf Backbleche (gefettet, mit Wasser besprenkelt) legen. Teigplatten mehrmals mit einer Gabel einstechen.

2 Zum Bestreuen Zucker mit Zimt mischen. Die Teigplatten damit bestreuen und 10–15 Minuten ruhen lassen. Inzwischen den Backofen vorheizen.
Ober-/Unterhitze: etwa 220 °C
Heißluft: etwa 200 °C

3 Die Backbleche nacheinander (bei Heißluft zusammen) in den vorgeheizten Backofen schieben. Die Böden **etwa 15 Minuten backen.**

4 Die Gebäckplatten von den Backblechen lösen, auf Kuchenroste legen und erkalten lassen.

5 Für die Füllung Gelatine mit Wasser in einem kleinen Topf anrühren und 5 Minuten quellen lassen. Angerührte Gelatine unter Rühren leicht erwärmen, bis sie völlig gelöst ist. Sherry mit Zucker verrühren, bis der Zucker aufgelöst ist, dann die warme, flüssige Gelatine gut unterrühren. Flüssigkeit kalt stellen.

6 Sahne mit Vanillin-Zucker steif schlagen. Wenn die Gelatinemasse beginnt dicklich zu werden, Sahne vorsichtig unterheben. Die Sherrycreme portionsweise in einen Spritzbeutel mit großer Sterntülle füllen. Eine Blätterteigplatte auf eine Tortenplatte legen. Gut die Hälfte der Sherrycreme in Tupfen daraufspritzen und kurz kalt stellen.

7 Zweite Blätterteigplatte auf die Tupfen legen und leicht andrücken. Restliche Sherrycreme ebenfalls in Tupfen auf die Blätterteigplatte spritzen. Torte etwa 1 Stunde kalt stellen. Die Torte vor dem Servieren mit etwas Zimt bestäuben.

Tipp

Für Kinder können Sie den Sherry durch Kirschsaft ersetzen.

Birnentorte mit Walnuss-Karamell

Raffiniert – gut vorzubereiten

Zubereitungszeit: 30 Minuten, ohne Kühlzeit | Backzeit: etwa 35 Minuten

Insgesamt: E: 72 g, F: 417 g, Kh: 478 g, kJ: 24898, kcal: 5949

Für den All-in-Teig:

125 g Weizenmehl

1 Pck. Dr. Oetker Pudding-Pulver Schokoladen-Geschmack

3 gestr. TL Dr. Oetker Backin

150 g Zucker

1 Pck. Dr. Oetker Vanillin-Zucker

1 Prise Salz

175 g weiche Butter oder Margarine

3 Eier (Größe M)

Für den Belag:

100 g Walnusskernhälften

1 Flasche Karamellsauce (125 ml, von Schwartau)

1 Dose Birnenhälften (Abtropfgewicht 460 g)

Für die Karamell-Schmand-Creme:

400 g Schlagsahne

200 g Schmand (Sauerrahm)

3 Pck. Dr. Oetker Sahnesteif

1 Den Backofen vorheizen.
Ober-/Unterhitze: etwa 180 °C
Heißluft: etwa 160 °C

2 Für den Teig Mehl mit Pudding-Pulver und Backpulver in einer Rührschüssel mischen. Restliche Teigzutaten hinzufügen und alles mit Handrührgerät mit Rührbesen erst kurz auf niedrigster, dann auf höchster Stufe in etwa 2 Minuten zu einem glatten Teig verarbeiten.

3 Den Teig in eine Springform (Ø 26 cm, Boden gefettet, mit Backpapier belegt) geben und glatt streichen. Nusskerne auf dem Teig verteilen.

4 Die Form auf dem Rost im unteren Drittel in den vorgeheizten Backofen schieben. Den Boden **etwa 35 Minuten backen.**

5 Sofort nach dem Backen 2–3 Esslöffel von der Karamellsauce über die Nusskerne träufeln. Den Boden aus der Form lösen und auf einem Kuchenrost erkalten lassen. Anschließend mitgebackenes Backpapier entfernen. Den Boden einmal waagerecht durchschneiden. Unteren Boden auf eine Tortenplatte legen und einen Tortenring oder den gesäuberten Springformrand darumstellen. Birnen in einem Sieb abtropfen lassen und mit der Rundung nach oben auf dem Boden verteilen.

6 Für die Karamell-Schmand-Creme Sahne und Schmand mit Handrührgerät mit Rührbesen erst kurz auf niedrigster Stufe verrühren, dann Sahnesteif einstreuen und die Sahnemasse vollständig steif schlagen. Restliche Karamellsauce kurz unterrühren.

7 Die Karamell-Schmand-Creme auf den Birnen verstreichen. Oberen Boden am besten bereits in 12 Tortenstücke vorschneiden, dann die Stücke auf die Tortenoberfläche legen und die Torte mindestens 1 Stunde kalt stellen.

8 Vor dem Servieren den Tortenring oder Springformrand lösen und entfernen.

Tipp

Noch karamelliger wird die Torte, wenn Sie den Boden statt mit Pudding-Pulver Schokoladen-Geschmack mit Pudding-Pulver Karamell-Geschmack backen.
Anstelle von Karamellsauce eignet sich aufgrund seines intensiven Geschmacks auch Karamellsirup (Getränkesirup). Er ist in den Getränkeabteilungen von Supermärkten oder in Coffee-Shops zu bekommen.
Auch mit Aprikosenhälften oder Tortenpfirsichen aus der Dose schmeckt die Torte prima.

Rätseltorte

Mit Alkohol – ohne zu backen

Zubereitungszeit: 30 Minuten, ohne Kühlzeit

Insgesamt: E: 112 g, F: 222 g, Kh: 441 g, kJ: 18131, kcal: 4328, BE: 37,0

1 Lage von 1 hellen Wiener Boden (Ø etwa 26 cm)

Für die Vanillecreme:

4 Blatt weiße Gelatine

1 Pck. Dr. Oetker Pudding-Pulver Vanille-Geschmack

4 geh. EL Zucker

400 ml Milch

250 g Magerquark

300 g Schlagsahne

2 Pck. Dr. Oetker Sahnesteif

Zum Tränken:

etwa 250 ml (¼ l) Milch

2 EL Rum

200 g Löffelbiskuits

Zum Verzieren und Garnieren:

250 g Schlagsahne

1 Pck. Dr. Oetker Sahnesteif

1 EL Puderzucker

etwa 50 ml Eierlikör

etwa 20 g gehackte Pistazienkerne

1 Den Biskuitboden auf eine Tortenplatte legen und einen Tortenring darumstellen.

2 Für die Vanillecreme Gelatine nach Packungsanleitung einweichen. Aus Pudding-Pulver, Zucker und Milch nach Packungsanleitung, aber mit 4 gehäuften Esslöffeln Zucker einen Pudding zubereiten. Gelatine leicht ausdrücken und unter Rühren im heißen Pudding auflösen. Den Pudding erkalten lassen, dabei gelegentlich umrühren. Quark unterrühren.

3 Sahne mit Sahnesteif steif schlagen und unter den erkalteten Pudding heben. Ein Drittel der Vanillecreme auf dem Boden verstreichen.

4 Zum Tränken Milch mit Rum verrühren und die Löffelbiskuits kurz darin wenden. Die Hälfte der getränkten Löffelbiskuits auf die Creme legen und mit der Hälfte der restlichen Creme bestreichen. Torte mit den restlichen Löffelbiskuits belegen und mit der restlichen Creme bestreichen. Die Torte etwa 2 Stunden kalt stellen.

5 Zum Verzieren und Garnieren den Tortenring lösen und entfernen. Sahne mit Sahnesteif und Puderzucker steif schlagen. Sahne in einen Spritzbeutel mit Lochtülle füllen und die Torte damit verzieren. Die Tortenoberfläche mit Eierlikör beträufeln und mit Pistazienkernen garnieren.

TIPP

Verwenden Sie für Kinder zum Tränken nur Milch und zum Verzieren der Torte statt Eierlikör Vanillesauce.
Die restlichen 2 Lagen des Wiener Bodens für eine Torte einfrieren oder für ein Dessert verwenden.

KiBa-Torte Für Kinder

Zubereitungszeit: 25 Minuten, ohne Kühlzeit | Backzeit: 30–35 Minuten, ohne Kühlzeit
Insgesamt: E: 76 g, F: 77 g, Kh: 502 g, kJ: 12827, kcal: 3068, BE: 42,0

Für den Biskuitteig:

4 Eier (Größe M)

2 EL heißes Wasser

150 g Zucker

1 Prise Salz

125 g Weizenmehl

1 gestr. TL Dr. Oetker Backin

1 Pck. Dr. Oetker Pudding-Pulver Schokoladen-Geschmack

Für die Füllung:

3 Pck. Dr. Oetker Sahnesteif

1 kleines Glas Sauerkirschen (Abtropfgewicht 185 g)

3 Bananen (etwa 450 g, ohne Schale)

3–5 EL Zitronensaft

30 g Puderzucker

250 g Magerquark

125 g Crème double

etwa 3 EL (75 g) Kirsch-Fruchtaufstrich oder -konfitüre

Puderzucker oder bunte Zuckerperlen/ Zuckerdeko zum Garnieren

1 Den Backofen vorheizen.
Ober-/Unterhitze: etwa 180 °C
Heißluft: etwa 160 °C

2 Für den Teig Eier und Wasser mit Handrührgerät mit Rührbesen auf höchster Stufe in 1 Minute schaumig schlagen. Zucker mit Salz mischen, in 1 Minute unter Rühren einstreuen, dann noch 2 Minuten weiterschlagen.

3 Mehl mit Backpulver und Pudding-Pulver mischen, auf die Eiercreme geben und kurz auf niedrigster Stufe unterrühren. Den Teig in eine Springform (Ø 26 cm, Boden gefettet, mit Backpapier belegt) geben und verstreichen. Die Form auf dem Rost im unteren Drittel in den vorgeheizten Backofen schieben. Den Boden **30–35 Minuten backen.**

4 Boden aus der Form lösen, auf einen mit Backpapier belegten Kuchenrost stürzen und erkalten lassen. Das Backpapier abziehen und den Boden auf eine Tortenplatte legen. Boden bis auf einen etwa 1 cm breiten Boden und Rand aushöhlen (Brösel evtl. für ein Dessert verwenden). 1 Päckchen Sahnesteif auf den Boden streuen.

5 Für die Füllung Kirschen in einem Sieb abtropfen lassen, dann auf Küchenpapier legen. 1 Banane grob würfeln, mit 2–3 Esslöffeln Zitronensaft, Puderzucker und Quark in einen Rührbecher geben und mit Handrührgerät mit Rührbesen verrühren. Crème double mit zwei Päckchen Sahnesteif steif schlagen. Bananen-Quark-Masse portionsweise unterziehen.

6 Kirschen mit 2 Esslöffeln Fruchtaufstrich (Konfitüre) mischen. Übrige Bananen längs teilen, im restlichen Zitronensaft wenden und auf den Boden legen. Kirschen in die Zwischenräume füllen. Bananencreme darauf verstreichen (evtl. den oberen Rand des Teiges dünn mit einstreichen). Übrigen Fruchtaufstrich (Konfitüre) glatt rühren oder evtl. leicht erwärmen, auf die Creme träufeln und mit einer Gabel leicht durchziehen (marmorieren). Torte bis zum Servieren kalt stellen.
Vor dem Servieren den Tortenrand mit Puderzucker bestäuben, bzw. Zuckerperlen oder Zuckerdeko aufstreuen.

TIPP

Wenn es noch rascher gehen soll, greifen Sie einfach auf einen fertig gekauften Biskuitboden vom Konditor zurück.
Wenn Sie die Brösel mithilfe eines Löffels ausheben, so können Sie evtl. Herzen aus den Stücken ausstechen und später auf die fertige Torte legen.

Kronentorte mit Nougatcreme

Raffiniert – gut vorzubereiten

Zubereitungszeit: 30 Minuten, ohne Kühlzeit | Backzeit: 24–30 Minuten
Insgesamt: E: 84 g, F: 402 g, Kh: 390 g, kJ: 23313, kcal: 5574, BE: 32,5

Für die Böden:

2 Pck. (je etwa 275 g) Blätterteig (rund oder eckig auf Backpapier ausgerollt, aus dem Kühlregal)

1 EL Schlagsahne

4 TL Zucker

3 EL gehobelte Haselnusskerne

Für die Nougatcreme:

250 g weiche Nuss-Nougat-Creme

175 g fettarme Frischkäsezubereitung (5 % Fett absolut)

500 g Schlagsahne

1 Pck. (2 Beutel) Gelatine Fix

1 Den Backofen vorheizen.
Ober-/Unterhitze: etwa 220 °C
Heißluft: etwa 200 °C

2 Einen Blätterteigboden mit dem Backpapier auf einem leicht gefetteten Backblech auseinanderrollen. (Aus dem eckigen Boden einen Kreis von etwa 24 cm Durchmesser ausschneiden und überstehenden Teig entfernen). Mit einem Messer 12 Tortenstücke im Teig markieren (einritzen, nicht durchschneiden). Boden dünn mit der Sahne bestreichen, Zucker und gehobelte Haselnusskerne darüberstreuen. Das Backblech im unteren Drittel in den vorgeheizten Backofen schieben. Den Boden **12–15 Minuten backen.**

3 Den Boden herausnehmen und markierte Tortenstücke sofort durchschneiden. Tortenstücke mit dem Backpapier auf einen Kuchenrost ziehen und erkalten lassen. Zweiten Blätterteigboden ebenfalls mit dem Backpapier auf einem leicht gefetteten Backblech auseinanderrollen (evtl. als Kreis ausschneiden) und mit einer Gabel mehrmals dicht nebeneinander einstechen. Boden ohne Belag etwa 5 Minuten stehen lassen und dann ebenfalls **12–15 Minuten backen.**

4 Boden herausnehmen, und – falls er sehr stark aufgegangen ist – sofort einen Kuchenrost vorsichtig darauflegen. Den Boden damit flach drücken. Boden auf einem Kuchenrost erkalten lassen. Anschließend mitgebackenes Backpapier entfernen. Boden auf eine Tortenplatte legen und einen Tortenring weit darumstellen. Die Tortenstücke mit den Spitzen nach oben in den Tortenring stellen.

5 Für die Nougatcreme Nuss-Nougat-Creme und Frischkäse mit Handrührgerät mit Rührbesen glatt rühren. Sahne leicht aufschlagen, dann Gelatine Fix (2 Beutel) nach und nach einstreuen und die Sahne vollständig steif schlagen. Sahne portionsweise unter die Nougatcreme ziehen. Nougatcreme von der Mitte aus auf den Boden geben und verstreichen. Die Tortenstücke mit den Spitzen etwas zur Mitte drücken, sodass eine Krone entsteht. Torte 1–2 Stunden kalt stellen. Vor dem Servieren Tortenring lösen und entfernen.

Tipp

Die Torte schmeckt frisch am besten. Wer mag, bestreicht den Boden zusätzlich dünn mit etwas geschmolzener weißer Kuvertüre – er bleibt dann länger knusprig.

Cappuccino-Tupfen-Torte Einfach

Zubereitungszeit: 30 Minuten, ohne Kühlzeit | Backzeit: etwa 30 Minuten
Insgesamt: E: 48 g, F: 262 g, Kh: 333 g, kJ: 16485, kcal: 3936, BE: 28,0

Für den All-in-Teig:

100 g Weizenmehl
25 g Speisestärke
3 gestr. TL Dr. Oetker Backin
125 g Zucker
1 Pck. Dr. Oetker Vanillin-Zucker
1 Prise Salz
125 g weiche Butter oder Margarine
3 Eier (Größe M)
1 Pck. Dr. Oetker Finesse Orangenschalen-Aroma

Für den Belag:

1 Dose Mandarinen (Abtropfgewicht 175 g)
400 g Schlagsahne
2 Pck. Dr. Oetker Sahnesteif
2 Pck. Vanillin-Zucker
20 g Instant-Cappuccino-Pulver

Zum Garnieren und Bestäuben:

30 g Zartbitter-Schokolade
etwas Kakaopulver

1. Den Backofen vorheizen.
Ober-/Unterhitze: etwa 170 °C
Heißluft: etwa 150 °C

2. Für den Teig Mehl mit Speisestärke und Backpulver in einer Rührschüssel mischen. Restliche Zutaten hinzufügen und alles mit Handrührgerät mit Rührbesen zunächst kurz auf niedrigster, dann auf höchster Stufe in 2 Minuten zu einem glatten Teig verarbeiten.

3. Den Teig in eine Springform (Ø 26 cm, Boden gefettet, mit Backpapier belegt) füllen und glatt streichen. Die Form auf dem Rost in den vorgeheizten Backofen schieben. Den Boden **etwa 30 Minuten backen.**

4. Den Boden aus der Form lösen, auf einen mit Backpapier belegten Kuchenrost stürzen und erkalten lassen. Anschließend mitgebackenes Backpapier abziehen.

5. Für den Belag Mandarinen in einem Sieb gut abtropfen lassen. Sahne zunächst 1 Minute schlagen. Sahnesteif mit Vanillin-Zucker und Cappuccino-Pulver mischen, dazugeben und die Sahne steif schlagen.

6. Die Cappuccino-Sahne in einen Spritzbeutel mit einer großen Lochtülle füllen und Tupfen kreisförmig dicht auf den Boden spritzen. Die Mandarinen darauf verteilen und die Torte etwa 30 Minuten kalt stellen.

7. Inzwischen die Schokolade in Stücke brechen und in einem kleinen Topf im Wasserbad unter Rühren schmelzen. Die Schokolade in einen kleinen Gefrierbeutel füllen und eine kleine Ecke abschneiden. Die Torte mit der Schokolade verzieren (oder die Schokolade mit einem Teelöffel auf die Torte sprenkeln). Die Torte kurz vor dem Servieren mit Kakaopulver bestäuben.

Tipp

Den Boden nach Belieben mit etwas in heißem Wasser angerührtem Cappuccino-Pulver tränken.

Schoko-Minz-Torte

Raffiniert – gut vorzubereiten

Zubereitungszeit: 25 Minuten, ohne Kühlzeit | Backzeit: 25–30 Minuten
Insgesamt: E: 44 g, F: 340 g, Kh: 441 g, kJ: 21171, kcal: 5056, BE: 36,5

Für den All-In-Teig:

80 g Weizenmehl

1 Pck. Dr. Oetker Pudding-Pulver Schokoladen-Geschmack

1 gestr. TL Dr. Oetker Backin

120 g Zucker

1 Pck. Dr. Oetker Vanillin-Zucker

1 Prise Salz

125 g weiche Butter oder Margarine

2 Eier (Größe M)

2 EL Milch

Für die Schoko-Minz-Creme:

500 g Schlagsahne

200 g Schmand (Sauerrahm)

30 g Zucker

3 Pck. Dr. Oetker Sahnesteif

evtl. grüne Speisefarbe

200 g Schoko-Minz-Täfelchen

1. Den Backofen vorheizen.
   Ober-/Unterhitze: etwa 180 °C
   Heißluft: etwa 160 °C

2. Für den Teig Mehl mit Pudding-Pulver und Backpulver in einer Rührschüssel mischen. Restliche Teigzutaten hinzufügen und mit Handrührgerät mit Rührbesen erst kurz auf niedrigster Stufe, dann auf höchster Stufe in etwa 2 Minuten zu einem glatten Teig verarbeiten.

3. Den Teig in eine Springform (Ø 26 cm, Boden gefettet, mit Backpapier belegt) geben und glatt streichen. Die Form auf dem Rost im unteren Drittel in den vorgeheizten Backofen schieben. Den Boden **25–30 Minuten backen.**

4. Den Boden aus der Form lösen und auf einem Kuchenrost erkalten lassen. Anschließend mitgebackenes Backpapier entfernen. Boden auf eine Tortenplatte legen, einen Tortenring oder den gesäuberten Springformrand darumstellen.

5. Für die Schoko-Minz-Creme Sahne mit Schmand in einer Rührschüssel zuerst auf niedrigster Stufe mit Handrührgerät mit Rührbesen kurz anschlagen, dann Zucker mit Sahnesteif mischen und die Sahne vollständig steif schlagen. Die Creme nach Belieben mit einigen Tropfen Speisefarbe hellgrün einfärben.

6. 150 g von den Schoko-Minz-Täfelchen fein zerhacken und unter die Creme rühren. Schoko-Minz-Creme auf der Torte verstreichen. Die Oberfläche mit einem Tortenkamm oder einer Gabel verzieren. Die Torte bis zum Servieren kalt stellen.

7. Vor dem Servieren den Tortenring lösen und entfernen. Die Torte mit den restlichen Schoko-Minz-Täfelchen garnieren.

Tipp

Die Schoko-Minz-Täfelchen am besten einige Zeit vor dem Gebrauch in den Kühlschrank oder das Gefrierfach legen – so lassen sie sich besser hacken und in der Sahnecreme verrühren.
Garnieren Sie die Torte vor dem Servieren mit einigen Minzeblättchen.

Tiramisu-Charlotte Mit Alkohol

Zubereitungszeit: 30 Minuten, ohne Kühlzeit
Insgesamt: E: 106 g, F: 308 g, Kh: 562 g, kJ: 23347, kcal: 5573, BE: 47,0

2 helle Biskuitrollen
mit Kakaocremefüllung
(je 300–400 g, fertig gekauft)

Für die Füllung:

5 Blatt weiße Gelatine
2 Pck. Creme Tiramisu (Dessertpulver)
200 ml Milch, 200 g Schlagsahne
250 g Mascarpone (ital. Frischkäse)
250 g Magerquark
4 EL Amaretto (Mandellikör)
70 g Amarettini (ital. Mandelmakronen)

Zum Bestäuben:

2 TL Kakaopulver

1 Die Biskuitrollen in etwa 1 cm dicke Scheiben schneiden. Eine Schüssel (Inhalt etwa 2,5 l, mit Frischhaltefolie ausgelegt) sehr dicht mit etwa zwei Dritteln der Biskuitrollenscheiben auslegen.

2 Für die Füllung Gelatine nach Packungsanleitung einweichen. Das Dessertpulver mit den hier angegebenen Mengen Milch und Sahne zubereiten. Mascarpone, Quark und Amaretto unterrühren.

3 Gelatine leicht ausdrücken, bei schwacher Hitze auflösen und mit etwas Creme verrühren, dann unter die restliche Creme rühren. Amarettini unterheben. Die Creme in die Schüssel füllen und glatt streichen. Creme dicht mit den restlichen Biskuitrollenscheiben belegen und die Scheiben leicht andrücken. Die Charlotte etwa 4 Stunden kalt stellen.

4 Die Charlotte auf eine Tortenplatte stürzen und die Frischhaltefolie abziehen. Charlotte vor dem Servieren mit Kakao bestäuben.

Himbeer-Nuss-Torte Titelrezept – mit Alkohol

Zubereitungszeit: 30 Minuten | Backzeit: etwa 20 Minuten
Insgesamt: E: 61 g, F: 227 g, Kh: 362 g, kJ: 15970, kcal: 3815, BE: 30,0

Für den All-in-Teig:

75 g Weizenmehl
25 g Speisestärke
2 gestr. TL Dr. Oetker Backin
100 g gemahlene Haselnusskerne
2 Eier (Größe M)
100 g Puderzucker
1 Pck. Dr. Oetker Vanillin-Zucker
75 ml Speiseöl, 75 ml Eierlikör

1 Den Backofen vorheizen.
Ober-/Unterhitze: etwa 180 °C
Heißluft: etwa 160 °C

2 Für den Teig alle Zutaten in eine Rührschüssel geben. Alles mit Handrührgerät mit Rührbesen erst kurz auf niedrigster dann auf höchster Stufe in etwa 2 Minuten zu einem glatten Teig verarbeiten. Den Teig in eine Springform (Ø 26 cm, Boden gefettet, mit Backpapier belegt) füllen und glatt streichen. Die Form auf dem Rost in den vorgeheizten Backofen schieben. Den Boden **etwa 20 Minuten backen.**

(Fortsetzung S. 60)

TIPP

Sie können die Charlotte nach Belieben mit 100 g steif geschlagener Schlagsahne verzieren.

Für den Belag:

3 Blatt weiße Gelatine

300 g Himbeerjoghurt

40 g Zucker

300 g frische Himbeeren

200 g Schlagsahne

Zum Garnieren:

2 EL Himbeer- oder Johannisbeergelee

einige Himbeeren

3 Den Boden aus der Form lösen und auf einem Kuchenrost erkalten lassen. Anschließend Tortenboden auf eine Tortenplatte legen und den gesäuberten Springformrand oder einen Tortenring darumstellen.

4 Für den Belag Gelatine nach Packungsanleitung einweichen. Himbeerjoghurt mit Zucker verrühren. Gelatine leicht ausdrücken und in einem kleinen Topf bei schwacher Hitze auflösen. Aufgelöste Gelatine mit etwas Joghurtmasse verrühren, dann die Mischung unter die restliche Joghurtmasse rühren. Himbeeren verlesen. Sahne steif schlagen. Erst Sahne, dann Himbeeren unter die Joghurtmasse heben. Die Creme auf den Tortenboden geben und leicht wellenförmig verstreichen. Die Torte etwa 2 Stunden in den Kühlschrank stellen.

5 Zum Garnieren Springformrand oder Tortenring lösen und entfernen. Gelee erwärmen. Erst Himbeeren auf der Torte verteilen, dann Gelee.

Kokosmakronentorte Ohne zu backen – gut vorzubereiten

Zubereitungszeit: 20 Minuten, ohne Kühlzeit

Insgesamt: E: 46 g, F: 304 g, Kh: 319 g, kJ: 17809, kcal: 4257, BE: 26,5

Für den Boden:

100 g weiße Kuvertüre
oder Schokolade

etwa 220 g fertig gekaufte
Kokosmakronen (ohne Schokolade)

Für die Creme:

600 g Schlagsahne

1 Pck. Dr. Oetker Tortencreme
Schoko-Sahne (Tortencremepulver)

150 ml lauwarmes Wasser

Zum Garnieren:

25 g weiße Kuvertüre oder Schokolade

etwa 30 g Kokosmakronen

1 Für den Boden Kuvertüre in Stücke brechen oder hacken und in einem kleinen Topf im Wasserbad unter Rühren schmelzen. Einen Tortenring auf 24–26 cm Durchmesser einstellen und auf eine Tortenplatte (mit Backpapier oder Tortenspitze belegt) stellen. Kokosmakronen mit den Händen in einer Rührschüssel sehr fein zerbröseln. Makronenbrösel nach und nach gründlich mit der geschmolzenen Kuvertüre oder Schokolade mischen. Makronenmischung zügig in den Tortenring geben, gleichmäßig mit einer Gabel auf dem Boden verteilen, etwas andrücken und kalt stellen.

2 Für die Creme inzwischen Sahne steif schlagen. Cremepulver in eine Rührschüssel geben, Wasser hinzufügen und alles mit einem Schneebesen nach Packungsanleitung etwa ½ Minute gründlich verrühren. Sahne portionsweise unterheben. Creme gleichmäßig auf den Boden streichen. Torte mit Frischhaltefolie bedeckt mindestens 1 Stunde kalt stellen.

3 Zum Garnieren Tortenring lösen und entfernen. Kuvertüre oder Schokolade mit einem Sparschäler auf die Torte raspeln. Kokosmakronen evtl. zerkleinern. Die Torte damit garnieren und servieren.

TIPP

Kokosmakronen gibt es verpackt im Supermarkt oder in der Weihnachtszeit beim Bäcker. Wer keine Makronen ohne Schokoladenfuß bekommt, kann auch welche mit Schokolade verwenden. Wer eine exklusivere Garnierung möchte, legt einige Physalis (Kapstachelbeeren), Kumquats und/oder eine Karambole in Scheiben auf die Tortenoberfläche. Besonders edel sieht die Torte aus, wenn Sie sie mit gekauften Mini-Schoko-Trüffeln, schokolierten Nusskernen oder grob zerbröseltem Baiser garnieren. Wenn keine Kinder mitessen, kann man 2–3 Esslöffel von dem Wasser für die Creme durch Grand Marnier oder Cointreau ersetzen.

Prasseltorte Einfach

Zubereitungszeit: 30 Minuten, ohne Auftau- und Kühlzeit | Backzeit: etwa 15 Minuten je Backblech
Insgesamt: E: 66 g, F: 355 g, Kh: 537 g, kJ: 23737, kcal: 5671, BE: 45,0

Für die Böden:

300 g TK-Blätterteig
1 Ei (Größe M)
1 EL Milch

Für die Streusel:

225 g Weizenmehl
75 g Puderzucker
1 Pck. Dr. Oetker Vanillin-Zucker
150 g Butter oder Margarine
50 g abgezogene, gemahlene Mandeln

Für die Füllung:

400 g Schlagsahne
2 Pck. Dr. Oetker Sahnesteif
2 Pck. Vanillin-Zucker
6 EL Heidelbeerkonfitüre

Zum Bestäuben:

Puderzucker

1 Blätterteigplatten nach Packungsanleitung auftauen lassen. Den Backofen vorheizen.
Ober-/Unterhitze: etwa 200 °C
Heißluft: etwa 180 °C

2 Die Platten aufeinanderlegen und auf der leicht bemehlten Arbeitsfläche zu einem Quadrat ausrollen. Das Quadrat vierteln, jedes Viertel auf der leicht bemehlten Arbeitsfläche etwa 22 x 22 cm ausrollen und je 1 runde Platte (Ø etwa 22 cm) daraus schneiden. Die 4 runden Platten auf Backbleche (gefettet, mit Backpapier belegt) legen. Ei mit Milch verquirlen und die Platten damit bestreichen.

3 Für die Streusel die Zutaten in eine Rührschüssel geben und mit Handrührgerät mit Rührbesen zunächst auf niedrigster, dann auf höchster Stufe zu feinen Streuseln verarbeiten. Streusel gleichmäßig auf die Blätterteigplatten streuen und leicht andrücken. Backbleche nacheinander (bei Heißluft zusammen) in den vorgeheizten Backofen schieben. Die Platten **etwa 15 Minuten backen.**

4 Die Platten mit dem Backpapier von den Backblechen auf Kuchenroste ziehen und erkalten lassen.

5 Für die Füllung Sahne mit Sahnesteif und Vanillin-Zucker steif schlagen. Jeweils 2 Esslöffel Konfitüre vorsichtig auf 3 der Böden verteilen, dabei einen etwa 2 cm breiten Rand frei lassen. Den ersten Boden mit Konfitüre auf eine Tortenplatte legen und ein Drittel der Sahne darauf verstreichen. Zweiten Boden mit Konfitüre darauflegen und vorsichtig andrücken. Die Hälfte der restlichen Sahne darauf verteilen. Dritten Boden mit Konfitüre auflegen, leicht andrücken und restliche Sahne darauf verstreichen. Vierten Boden auflegen und leicht andrücken. Die Torte kalt stellen. Die Torte vor dem Servieren mit Puderzucker bestäuben.

Tipp

Die Torte schmeckt frisch am besten; sie lässt sich gut mit einem elektrischen Messer schneiden.

Geben Sie für eine friesische Prasseltorte ½ Teelöffel gemahlenen Zimt in die Streusel und verwenden Sie statt Heidelbeerkonfitüre Pflaumenmus.

Rote-Grütze-Torte mit Amarettini Raffiniert

Zubereitungszeit: 20 Minuten
Insgesamt: E: 49 g, F: 122 g, Kh: 308 g, kJ: 10763, kcal: 2566, BE: 25,5

Für die Creme:

30 g Puderzucker
2 EL Zitronensaft
125 g Magerquark
100 g Doppelrahm-Frischkäse
1 Pck. Dr. Oetker Sahnesteif
1 TL Zucker
250 g Schlagsahne

1 heller Biskuit-Obstboden
(Ø 26–28 cm)
250 g rote Grütze (aus dem Kühlregal)

Zum Garnieren:

25 g Amarettini (ital. Mandelmakronen)

1 Für die Creme Puderzucker mit Zitronensaft verrühren. Quark und Frischkäse in eine Rührschüssel geben und gut mit der Mischung verrühren.

2 Sahnesteif mit Zucker mischen. Sahne in einen hohen Rührbecher geben und mit Handrührgerät mit Rührbesen steif schlagen, Sahnesteif-Mischung dabei einrieseln lassen. Die Sahne unter die Frischkäsecreme heben.

3 Die Creme portionsweise in einen Spritzbeutel mit Lochtülle füllen. Den Obstboden auf eine Tortenplatte legen. Zuerst eine dichte Reihe Sahnetupfen als Rand aufspritzen. Dann die übrige Creme in unterschiedlich dicken Tupfen mit Abstand auf den Boden spritzen. Grütze in den Lücken verteilen.

4 Torte bis zum Servieren kalt stellen. Kurz vor dem Servieren die Torte mit den Amarettini garnieren.

Tipp

Wenn Sie den Boden selbst backen möchten, so können Sie den Boden vom Rezept „Spaghetti-Torte“ (Seite 12) zubereiten.
Probieren Sie die Torte auch einmal mit grüner Grütze oder frischen Früchten (z. B. Erdbeeren, Heidelbeeren oder Himbeeren).

Stricknadeltorte

Mit Alkohol – gut vorzubereiten

Zubereitungszeit: 30 Minuten, ohne Durchzieh- und Kühlzeit | Backzeit: 30–35 Minuten

Insgesamt: E: 85 g, F: 390 g, Kh: 549 g, kJ: 25936, kcal: 6197, BE: 46,0

Für den Rührteig:

250 g weiche Butter oder Margarine
250 g Zucker
1 Pck. Dr. Oetker Vanillin-Zucker
3–4 Tropfen Butter-Vanille-Aroma
6 Eier (Größe M)
250 g Weizenmehl
2 ½ gestr. TL Dr. Oetker Backin

Zum Tränken:

3 EL Zucker
2 EL Kakaopulver
250 ml (¼ l) kalter Kaffee
1 EL Rum

Für die Eierlikörsahne:

400 g Schlagsahne
2 Pck. Dr. Oetker Sahnesteif
2 TL Zucker
5 EL Eierlikör

Kakaopulver
Raspelschokolade

1 Den Backofen vorheizen.
Ober-/Unterhitze: etwa 180 °C
Heißluft: etwa 160 °C

2 Für den Teig Butter oder Margarine mit Handrührgerät mit Rührbesen auf höchster Stufe geschmeidig rühren. Nach und nach Zucker, Vanillin-Zucker und Aroma unterrühren. So lange rühren, bis eine gebundene Masse entstanden ist. Eier nach und nach unterrühren (jedes Ei etwa ½ Minute).

3 Mehl mit Backpulver mischen und in 2 Portionen auf mittlerer Stufe kurz unterrühren. Den Teig in eine Springform (Ø 28 cm, Boden gefettet) füllen und glatt streichen. Die Form auf dem Rost in den vorgeheizten Backofen schieben und den Kuchen **30–35 Minuten backen.**

4 Die Form auf einen Kuchenrost stellen. Sofort nach dem Backen in die Oberfläche des Bodens mit einer dicken Stricknadel beliebig viele Löcher einstechen. Den Kuchenrand von der Form lösen, Springformrand aber nicht entfernen, und den Kuchen erkalten lassen.

5 Zum Tränken Zucker mit Kakao mischen und nach und nach mit Kaffee und Rum verrühren. Den Kuchen mit einem großen Pinsel oder einem Esslöffel nach und nach mit der gesamten Flüssigkeit tränken. Den Kuchen über mehrere Stunden (am besten über Nacht) durchziehen lassen.

6 Für die Eierlikörsahne die Sahne mit 1 Päckchen Sahnesteif und Zucker steif schlagen. Restliches Sahnesteif mit dem Eierlikör verrühren und vorsichtig unter die Sahne heben. Die Eierlikörsahne kalt stellen.

7 Kurz vor dem Servieren Eierlikörsahne auf dem Kuchen verstreichen und mit Kakao und Raspelschokolade verzieren.

Tipp

Der Boden ist ungetränkt gefriergeeignet.

Russische Streuseltorte Gut vorzubereiten

Zubereitungszeit: 30 Minuten, ohne Kühlzeit I Backzeit: etwa 25 Minuten
Insgesamt: E: 79 g, F: 271 g, Kh: 523 g, kJ: 20612, kcal: 4922, BE: 43,5

Für die Streuselböden:

275 g Weizenmehl
150 g feiner Zucker
1 Prise Salz
1 gestr. TL Dr. Oetker Backin
1 Pck. Dr. Oetker Pudding-Pulver Schokoladen-Geschmack
1 Ei (Größe M)
2 EL Wasser
125 g weiche Butter

Für die Füllung:

1 Dose Mandarinen (Abtropfgewicht 175 g)
2 Pck. Dr. Oetker Vanillin-Zucker
200 g Doppelrahm-Frischkäse
300 g fettreduzierte Vanilla-Frischkäse- oder Quarkcreme
3–4 EL Zitronensaft
250 g Schlagsahne
3 Pck. Dr. Oetker Sahnesteif

Zum Bestäuben:

Puderzucker

1 Den Backofen vorheizen.
Ober-/Unterhitze: etwa 180 °C
Heißluft: etwa 160 °C

2 Für die Streuselböden Mehl mit Zucker, Salz, Backpulver und Pudding-Pulver in einer Rührschüssel mischen. Ei und Wasser verquirlen und mit der Butter dazugeben. Die Zutaten mit Handrührgerät mit Rührbesen zu feinen Streuseln verrühren.

3 Einen Tortenring auf knapp 20 cm Durchmesser einstellen und so auf ein Backblech (gefettet, mit Backpapier belegt) setzen, dass 2 Böden aus Streuselteig darauf passen. Die Hälfte der Streusel in den Tortenring geben, gleichmäßig auf dem Boden verteilen und leicht andrücken.

4 Tortenring vorsichtig abheben, auf die noch freie Fläche des Backblechs setzen und die restlichen Streusel auf gleiche Weise zu einem zweiten Boden formen. Tortenring ebenfalls abheben. Das Backblech im unteren Drittel in den vorgeheizten Backofen schieben. Die Streuselböden **etwa 25 Minuten backen.**

5 Das Backblech auf einen Kuchenrost stellen. Einen der Böden sofort und noch heiß mit einem scharfen, langen Messer in 8–10 gleich große Tortenstücke teilen. Boden und Tortenstücke auf dem Backblech erkalten lassen. Den ganzen Boden vorsichtig auf eine Tortenplatte legen. Den Tortenring darumstellen.

6 Für die Füllung Mandarinen in einem Sieb abtropfen lassen, dann auf Küchenpapier legen. Vanillin-Zucker mit Frischkäse in einer Rührschüssel verrühren. Vanilla-Frischkäse- oder Quarkcreme und Zitronensaft unterrühren. Sahne mit Sahnesteif steif schlagen. Sahne in 2 Portionen mit einem Schneebesen unter die Creme heben.

7 Creme auf dem Tortenboden verstreichen. Mandarinen darauf verteilen und leicht eindrücken. Streusel-Tortenstücke aufsetzen und die Torte bis zum Servieren kalt stellen. Kurz vor dem Servieren Tortenring lösen und entfernen. Die Torte üppig mit Puderzucker bestäuben.

TIPP

Statt den oberen Boden in Tortenstücke zu teilen, können Sie ihn auch einfach grob in Streusel zerbröckeln. Die abgekühlten Streusel dann auf die Creme streuen – auch so lässt sich die Torte gut schneiden.

Rote-Grütze-Torte mit Schmand

Fruchtig

Zubereitungszeit: 20 Minuten, ohne Kühlzeit | Backzeit: 15–20 Minuten

Insgesamt: E: 55 g, F: 291 g, Kh: 486 g, kJ: 20439, kcal: 4863, BE: 40,5

Für den All-in-Teig:

100 g Weizenmehl

2 gestr. TL Dr. Oetker Backin

75 g Zucker

1 Pck. Dr. Oetker Vanillin-Zucker

3 Eier (Größe M)

2 EL Speiseöl, z. B. Sonnenblumenöl

1 EL Weißweinessig

Für die Creme:

400 g Schmand (Sauerrahm)

150 g Extra-Gelierzucker (2:1)

Saft von 1 Zitrone

500 g Schlagsahne

2 Pck. Dr. Oetker Sahnesteif

Für den Belag:

500 g Rote Grütze (aus dem Kühlregal)

1 Pck. Tortenguss, klar, ungezuckert

2 EL Wasser

1. Den Backofen vorheizen.
   Ober-/Unterhitze: etwa 200 °C
   Heißluft: etwa 180 °C

2. Für den Teig Mehl mit Backpulver mischen und in eine Rührschüssel geben. Restliche Zutaten hinzufügen und mit Handrührgerät mit Rührbesen zunächst kurz auf niedrigster, dann auf höchster Stufe in 1 Minute zu einem glatten Teig verarbeiten.

3. Den Teig in eine Springform (Ø 26 cm, gefettet, mit Backpapier belegt) geben und glatt streichen. Die Form auf dem Rost in den vorgeheizten Backofen schieben und den Boden **15–20 Minuten backen.**

4. Den Boden aus der Form lösen, auf einen mit Backpapier belegten Kuchenrost stürzen und erkalten lassen. Anschließend mitgebackenes Backpapier abziehen. Den Boden auf eine Tortenplatte legen und einen Tortenring oder den gesäuberten Springformrand darumstellen.

5. Für die Creme Schmand mit Zucker und Zitronensaft gut verrühren. Sahne mit Sahnesteif steif schlagen und unterheben. Die Creme auf den Boden geben und verstreichen. Die Torte 2–3 Stunden kalt stellen.

6. Für den Belag Rote Grütze in einen Topf geben. Tortengusspulver mit Wasser verrühren, in die Grütze geben und einmal unter Rühren aufkochen lassen. Die Grützemasse etwas abkühlen lassen, dann auf die Torte geben und verstreichen. Die Torte nochmals 2–3 Stunden, am besten über Nacht, kalt stellen. Vor dem Servieren Tortenring oder Springformrand lösen und entfernen.

Tipp

Der Boden ist gefriergeeignet.

Hügeltorte Raffiniert

Zubereitungszeit: 30 Minuten
Insgesamt: E: 84 g, F: 345 g, Kh: 331 g, kJ: 20377, kcal: 4866, BE: 26,5

Zum Vorbereiten:

1 dunkler Biskuitboden
(vom Konditor, ungeschnitten)

50–75 g gehobelte Mandeln

Für die Mascarpone-Zimt-Creme:

50 g Zucker

1 Pck. Dr. Oetker Vanillin-Zucker

1 TL gemahlener Zimt

500 g Mascarpone
(ital. Frischkäse, evtl. „light")

300 g Schlagsahne

2 Pck. Dr. Oetker Sahnesteif

250 g Magerquark

Außerdem:

1 Pck. Sahnesteif

360 g Apfelkompott

1 Boden bis auf einen etwa 2 cm breiten Rand und Boden aushöhlen. Boden auf eine Tortenplatte legen. Etwa die Hälfte des ausgehöhlten Gebäcks fein zerbröseln (Rest evtl. für Desserts oder Rumkugeln verwenden).

2 Mandeln in einer großen Pfanne ohne Fett goldbraun rösten und auf einem Teller erkalten lassen. Die Hälfte der Mandeln unter die Brösel mischen.

3 Für die Creme Zucker mit Vanillin-Zucker, Zimt, Mascarpone und Sahne in eine hohe Rührschüssel geben. Alles mit Handrührgerät mit Rührbesen zuerst kurz auf niedrigster Stufe glatt rühren, dann auf höchster Stufe steif schlagen. Sahnesteif dabei einrieseln lassen. Quark portionsweise unterheben.

4 Den äußeren Biskuitrand mit etwas Mascarpone-Zimt-Creme bestreichen. Den Boden mit Sahnesteif bestreuen. Erst Apfelkompott, dann die restliche Mascarpone-Zimt-Creme kuppelförmig in den Boden füllen.

5 Den Tortenrand mit den restlichen Mandeln garnieren. Geröstete Biskuitbrösel kuppelförmig auf die Creme geben. Die Torte mindestens 1 Stunde kalt stellen.

TIPP

Besonders lecker wird der Hügel, wenn Sie die Brösel mit 30 g braunem Zucker und 25 g Butter in einer Pfanne rösten und dann auf einem Teller abkühlen lassen.

Wenn Sie den Boden selbst backen möchten, so können Sie den dunklen Biskuitboden vom Rezept „KiBa-Torte“ (Seite 50) zubereiten. Den Boden dann am besten am Vortag backen, damit er sich besser aushöhlen und zerbröseln lässt.

Himmlische Himbeer-Charlotte

Fruchtig – ohne zu backen

Zubereitungszeit: 25 Minuten, ohne Kühlzeit

Insgesamt: E: 49 g, F: 274 g, Kh: 270 g, kJ: 16230, kcal: 3883, BE: 22,5

2 helle Biskuitrollen
mit Himbeercremefüllung
(je 300–400 g, fertig gekauft)

Für die Füllung:

8 Blatt weiße Gelatine

2 Dosen Himbeeren
(Abtropfgewicht je 145 g)

300 g Joghurt

75 g Puderzucker

50 ml Zitronensaft

500 g Schlagsahne

Zum Verzieren:

200 g Schlagsahne

1 TL Zucker

etwas Himbeerkonfitüre

1 Biskuitrollen in etwa 1 cm dicke Scheiben schneiden. Eine runde, kuppelförmige Schüssel (2,5–3 Liter Inhalt, mit Frischhaltefolie ausgelegt) sehr dicht mit etwa zwei Dritteln der Biskuitrollenscheiben auslegen.

2 Für die Füllung Gelatine nach Packungsanleitung einweichen. Himbeeren in einem Sieb abtropfen lassen. Joghurt mit Puderzucker und Zitronensaft in einer Schüssel verrühren. Gelatine leicht ausdrücken, in einem Topf bei schwacher Hitze auflösen und mit etwas von der Joghurtmasse verrühren, dann die Mischung unter die restliche Joghurtmasse rühren und kalt stellen. Sahne steif schlagen und unterheben. Zuletzt die gut abgetropften Himbeeren unterheben.

3 Die Creme in die mit Biskuitrollenscheiben ausgelegte Schüssel füllen, glatt streichen und mit den restlichen Biskuitrollenscheiben belegen. Die Scheiben leicht andrücken und die Schüssel etwa 3 Stunden kalt stellen.

4 Die Charlotte vorsichtig auf eine Tortenplatte stürzen und die Folie abziehen. Zum Verzieren Sahne mit Zucker steif schlagen, in einen Spritzbeutel mit Lochtülle füllen und Spiralen an den unteren Tortenrand spritzen.

5 Himbeerkonfitüre durch ein Sieb streichen, in einen Gefrierbeutel füllen, eine kleine Spitze abschneiden und die Sahnespiralen mit der Konfitüre besprenkeln.

Tipp

Die Kuppel mit frischen Himbeeren und Zitronenmelisse verzieren.
Anstelle der Dosenfrüchte können auch frische oder aufgetaute TK-Himbeeren verwendet werden.
Die Creme kann statt mit Zitronensaft auch mit Himbeergeist zubereitet werden.

Eiskaffee-Sahnetorte Für Gäste

Zubereitungszeit: 30 Minuten, ohne Abkühlzeit I Backzeit: etwa 30 Minuten
Insgesamt: E: 74 g, F: 313 g, Kh: 411 g, kJ: 20318, kcal: 4853, BE: 34,5

Für den Biskuitteig:

4 Eier (Größe M)
4 EL heißes Wasser
150 g Zucker
1 Pck. Dr. Oetker Vanillin-Zucker
1 EL Amaretto-Likör
120 g Weizenmehl
2 gestr. TL Dr. Oetker Backin
1 Pck. Dr. Oetker Pudding-Pulver Mandel-Geschmack
50 g abgezogene, gemahlene Mandeln
100 g Raspelschokolade

Für die Füllung:

750 g Schlagsahne
2 Pck. Dr. Oetker Sahnesteif
2 Pck. (je 20 g) Eiskaffeepulver

Zum Bestreuen und Garnieren:

Kakaopulver
einige Konfektkugeln

1 Den Backofen vorheizen.
Ober-/Unterhitze: etwa 180 °C
Heißluft: etwa 160 °C

2 Für den Teig Eier und Wasser mit Handrührgerät mit Rührbesen auf höchster Stufe in 1 Minute schaumig schlagen. Zucker und Vanillin-Zucker mischen, in 1 Minute einstreuen, dann noch 2 Minuten weiterschlagen. Likör kurz unterrühren.

3 Mehl mit Backpulver und Pudding-Pulver mischen, die Hälfte davon auf die Eiercreme geben und kurz auf niedrigster Stufe unterrühren. Restliches Mehlgemisch auf die gleiche Weise unterarbeiten. Mandeln und Raspelschokolade unterheben.

4 Den Teig in eine Springform (Ø 26 cm, Boden gefettet, mit Backpapier belegt) füllen und verstreichen. Die Form auf dem Rost in den vorgeheizten Backofen schieben. Den Boden **etwa 30 Minuten backen.**

5 Den Biskuitboden aus der Form lösen und auf einen Kuchenrost stürzen. Boden erkalten lassen. Anschließend mitgebackenes Backpapier abziehen und den Boden einmal waagerecht durchschneiden.

6 Für die Füllung Sahne mit Sahnesteif und Eiskaffeepulver steif schlagen. 2–3 Esslöffel der Eiskaffeesahne in einen Spritzbeutel mit Lochtülle füllen.

7 Den unteren Boden auf eine Tortenplatte legen. Gut die Hälfte der Eiskaffeesahne daraufstreichen. Den oberen Boden darauflegen und leicht andrücken. Tortenoberfläche und -rand gleichmäßig mit der restlichen Eiskaffeesahne bestreichen.

8 Die Tortenoberfläche gitterförmig mit der Eiskaffeesahne aus dem Spritzbeutel verzieren und die Torte bis zum Servieren kalt stellen. Kurz vor dem Servieren die Tortenoberfläche mit Kakaopulver bestäuben und nach Belieben mit Konfektkugeln garnieren.

TIPP

Der Boden ist gefriergeeignet.
Die Torte kann am Vortag zubereitet werden.
Für eine fruchtige Eiskaffee-Torte den unteren Boden mit etwa 350 g Aprikosen- oder Pfirsichwürfeln oder Himbeeren belegen und dann die Creme aufstreichen.

Alphabetisches Register

Allgemeine Hinweise

Abkürzungen

EL = Esslöffel
TL = Teelöffel
Msp. = Messerspitze
Pck. = Packung/Päckchen
g = Gramm
kg = Kilogramm
ml = Milliliter
l = Liter
evtl. = eventuell
geh. = gehäuft
gestr. = gestrichen
TK = Tiefkühlprodukt
°C = Grad Celsius
ø = Durchmesser

Kalorien-/Nährwertangaben

E = Eiweiß
F = Fett
Kh = Kohlenhydrate
kcal = Kilokalorien
kJ = Kilojoule
BE = Broteinheiten

Hinweise zu den Rezepten

Lesen Sie bitte vor der Zubereitung – besser noch vor dem Einkaufen – das Rezept einmal vollständig durch. Oft werden Arbeitsabläufe oder -zusammenhänge dann klarer.

Zutatenliste und Arbeitsschritte

Die Zutaten sind in der Reihenfolge ihrer Verarbeitung aufgeführt.
Die Arbeitsschritte sind einzeln hervorgehoben, in der Reihenfolge, in der wir sie ausprobiert haben.

Backofeneinstellung

Die in den Rezepten angegebenen Backtemperaturen und -zeiten sind Richtwerte, die je nach individueller Hitzeleistung des Backofens über- oder unterschritten werden können. Die Temperaturangaben beziehen sich auf Elektrobacköfen. Die Temperatureinstellmöglichkeiten variieren je nach Hersteller, sodass wir keine allgemeingültigen Angaben machen können. Bitte beachten Sie deshalb bei der Einstellung des Backofens die Gebrauchsanweisung des Herstellers. Machen Sie nach der angegebenen Backzeit eine Garprobe.

Zubereitungszeiten

Die Zubereitungszeit beinhaltet nur die Zeit für die eigentliche Zubereitung, die Backzeiten sind gesondert ausgewiesen. Längere Wartezeiten z. B. Kühlzeiten sind ebenfalls nicht mit einbezogen.

Versuch macht klug!

Selbst mitmachen und die Dr. Oetker Versuchsküche live erleben – heißt es in Bielefeld. Dort finden regelmäßig Seminare und Vorführungen statt, bei denen den Profis der Versuchsküche über die Schulter geschaut und selbst Hand angelegt werden kann. Es gibt wertvolle Tipps und so manch raffinierter Trick wird verraten. Zum Abschluss kann das Selbstgemachte in gemütlicher Runde probiert werden. Erleben Sie einen schönen Tag in der Dr. Oetker Versuchsküche.
Wir freuen uns auf Sie.

Alle Infos unter www.oetker.de oder unter 00800 71 72 73 74 (gebührenfrei in Deutschland).

Stand 2010

Genehmigte Lizenzausgabe für Verlagsgruppe Weltbild GmbH,
Steinerne Furt, 86167 Augsburg

Redaktion Sabine Lüning

Titelfoto Thomas Diercks, Hamburg

Innenfotos Fotostudio Diercks, Hamburg (S. 7, 9, 11–15, 19, 23–35, 39–57, 61–69, 73, 75)
Bernd Lippert (S. 77)
Axel Struwe, Bielefeld (S. 9)
Brigitte Wegner (S. 17, 21, 37, 59, 71)

Foodstyling Eike Upmeier-Lorenz, Hamburg

Rezeptentwicklung und -beratung Susanne Legien-Raht, Hamburg

Nährwertberechnungen Nutri Service, Hennef

Grafisches Konzept kontur:design, Bielefeld
Gestaltung kontur:design, Bielefeld
Titelgestaltung kontur:design, Bielefeld

Wir danken für die freundliche Unterstützung Bahlsen, Hannover;
Griesson – de Beukelaer, Polch;
Peter Kölln, Elmshorn;
Alfred Ritter, Waldenbuch;
August Storck, Berlin

Gesamtherstellung Firmengruppe APPL, aprinta druck, Wemding
Printed in the EU
978-3-8289-1468-1

2013 2012 2011
Die letzte Jahreszahl gibt die aktuelle Lizenzausgabe an.